AF453014

Physique du Globe

PAR

J. VALLEREY

Inspecteur d'hydrographie

OUVRAGE RÉDIGÉ
Conformément aux Programmes des Examens
Contenant de nombreuses figures
ET 5 PLANCHES HORS TEXTE

TROISIÈME ÉDITION

PARIS
Augustin CHALLAMEL, Éditeur
17, Rue Jacob
Librairie Maritime & Coloniale

1911

AVERTISSEMENT

En faisant paraître une nouvelle édition de cet opuscule, nous avons pour but, non d'exposer des théories personnelles, mais de résumer, aussi simplement que possible, les principes de météorologie utiles aux marins. Nous avons mis cette édition en accord avec les idées actuellement en cours sur cette matière délicate et telles qu'elles résultent des plus récentes expériences. Le lecteur désireux d'approfondir plus sérieusement ce sujet pourra utilement recourir au Traité de météorologie de M. Angot, le savant directeur du bureau central météorologique de France.

PHYSIQUE DU GLOBE

CHAPITRE PREMIER

Description et usage des instruments nautiques.

Introduction. — Nous aurons, à chaque instant, dans ce cours de météorologie et de physique du globe, à parler des divers instruments utiles à consulter pour la prévision du temps, la mesure de la profondeur de la mer, la vitesse des vents, etc. Afin de n'avoir plus à y revenir, nous commencerons notre étude par une description succincte de ces divers instruments.

Thermomètre. — Le thermomètre est un instrument destiné à faire connaître le degré de température des corps liquides ou gazeux. Les thermomètres usités en France portent la graduation centigrade ainsi définie : *Le degré centigrade est l'élévation de température qui correspond à la centième partie de la dilatation apparente que prend le mercure dans le verre, en passant de la glace fondante à la vapeur de l'eau bouillante sous une pression de 76 centimètres de mercure.* Le thermomètre centigrade marque zéro dans la glace fondante, 100 dans la vapeur d'eau bouillant sous la pression de 760 millimètres de mercure.

La graduation, prolongée en dessous du zéro, donne ce qu'on appelle des degrés négatifs ou degrés de froid.

Tout le monde connaît la forme du thermomètre à mercure ou du thermomètre à alcool. Ce dernier se gradue par comparaison avec les indications du thermomètre à mercure, parce que la dilatation de l'alcool n'est pas proportionnelle aux variations de la température.

Le thermomètre à mercure est plus sensible que le thermomètre à alcool, mais il a l'inconvénient de ne pas pouvoir servir pour les très basses températures, le mercure se congelant à — 40°.

Rappelons que dans les pays étrangers, les thermomètres peuvent être gradués de o à 8o (Réaumur), ou de 32 à 212 (Farenheit).

Les graduations correspondantes sont données par les égalités :

$$\frac{C}{100} = \frac{R}{80} = \frac{F-32}{180}.$$

Instruments enregistreurs. — A bord des bâtiments on emploie beaucoup actuellement les instruments enregistreurs, construits sur un même modèle, pour indiquer la température, la pression atmosphérique, l'état hygrométrique de l'air, etc. Dans tous ces instruments, imaginés par la maison Richard, à Paris-Belleville, le mode d'enregistrement est identique. Il est obtenu au moyen d'un cylindre creux, sur la surface duquel on vient fixer *chaque semaine* un papier rectangulaire gradué à l'avance. Ce papier repose par sa base sur une saillie du cylindre, afin d'amener le parallélisme des traits horizontaux du papier avec la base du tambour. Une *lame ressort* verticale maintient le papier sur la surface du tambour.

Un long style ABC (fig. 1), pouvant pivoter autour d'un point fixe B, reçoit le mouvement d'une bielle C, laquelle est commandée, soit par le thermomètre, soit par le baromètre, soit par l'hygromètre, etc., dont on veut enregistrer les indications. Le mouvement du point C est très faible ; mais l'inégalité des bras de levier AB, BC, amplifie le mouvement du point C, de façon qu'une plume, placée en A, inscrit d'une manière suffisamment apparente les petits déplacements du point C.

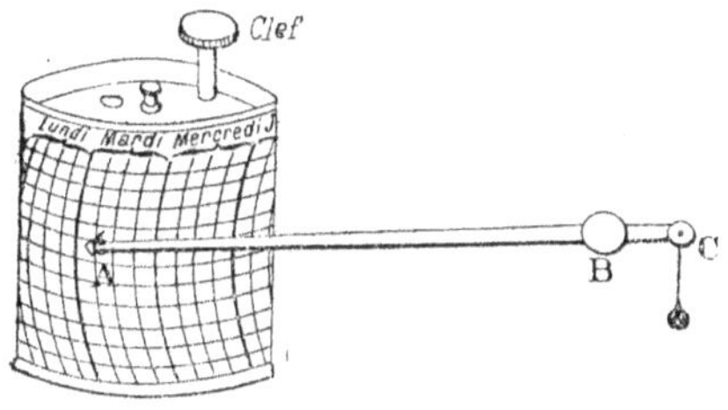

Fig. 1.

Dans l'intérieur du *cylindre tambour* est un ressort qu'on remonte tous les sept jours et un mécanisme d'horlogerie qui fait tourner le tambour sur lui-même en l'espace de sept jours et quelques heures, afin d'éviter de changer la feuille à heure fixe. Le remontage se fait en introduisant la clef dans un trou à la partie supérieure du tambour. Il faut tourner à gauche comme pour remonter un chronomètre. Le trou de remontage est, en temps ordinaire, fermé par un bouchon métallique.

La plume est constituée par un petit godet triangulaire, qui se fixe à l'extrémité du style au moyen de deux petites agrafes. On y place une goutte d'encre à base de glycérine et d'aniline qui ne sèche qu'une fois sur un papier spécial collé à la gélatine. Le mouvement d'horlogerie étant remonté, il faut avoir soin de tourner à la main le cylindre porte papier, qui est à frottement dur sur son axe, de manière que le bec de la plume tombe bien au jour et à l'heure de l'instant du remontage.

Thermomètre enregistreur. — Le thermomètre enegistreur (fig. 2) se compose d'un tube méplat placé en dehors de la boîte qui contient le mécanisme d'enregistrement. Ce tube, rempli d'un liquide très dilatable, est hermétiquement fermé. Sous l'action de la dilatation du liquide intérieur, il se déforme comme le tube d'un manomètre et son extrémité commande, par une tige qui

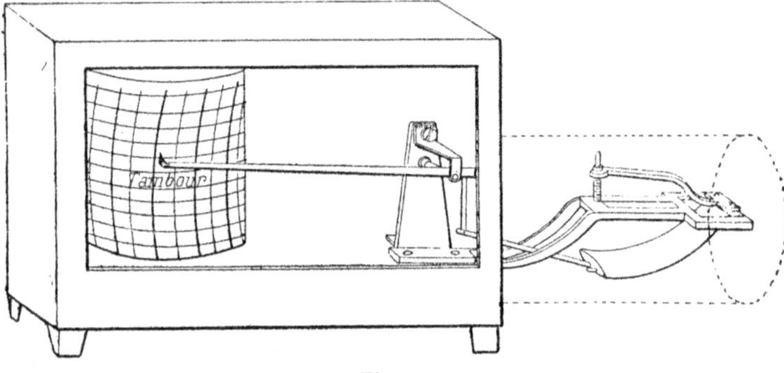

Fig. 2.

prolonge le tube, la bielle qui agit sur le levier enregistreur.

Une vis de réglage permet de mettre l'appareil d'accord avec un bon thermomètre à mercure. Un grillage en fil de fer, dont les limites sont indiquées par le pointillé de la figure, protège contre les chocs le tube méplat et sa monture.

Baromètre. — Le baromètre est un instrument destiné à mesurer la pression atmosphérique. Cette pression s'évalue en millimètres de mercure.

Le baromètre à mercure n'est, au fond, qu'un tube de Torricelli perfectionné. C'est un tube de verre, d'environ 90 centimètres de long, qu'on a rempli de mercure et renversé dans une cuvette contenant du mercure. Sous l'action de la pression atmosphérique, le mercure demeure dans le tube à une hauteur proportionnelle à cette pression. Le haut du tube est alors vide d'air. Ce vide prend le nom de vide barométrique.

En France, au niveau de la mer, la pression atmosphérique vaut en moyenne 760 millimètres de mercure, correspondant à une pression de $1^{kg},033$ par centimètre carré, à une colonne d'eau distillée de $10^m,33$ et à environ 10 mètres d'eau de mer.

Baromètre enregistreur. — Dans la boîte, qui contient le mécanisme d'enregistrement, est fixée une colonne composée de *huit coquilles,* dont chacune est formée de deux membranes ondulées en maillechort, soudées sur leurs bords. On a fait le vide dans chacune de ces

Fig. 3.

coquilles. Un ressort intérieur analogue aux ressorts des voitures, d'une force de 7 kilogrammes, maintient l'écartement intérieur de chaque coquille et résiste à la pression

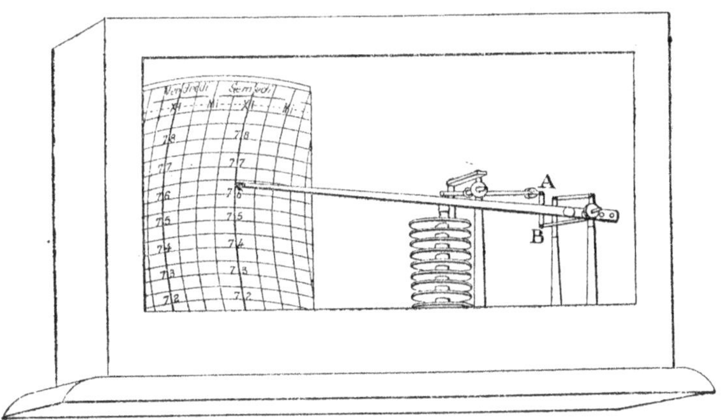

Fig. 4.

atmosphérique. Chaque coquille (fig. 3) porte en son milieu, extérieurement, d'un côté un écrou, de l'autre une vis qui permettent d'assembler en colonne les huit coquilles.

La coquille supérieure porte une tige verticale, qui, par une série de leviers, finit par commander le style qui porte la plume enregistrante (fig. 4 et 5).

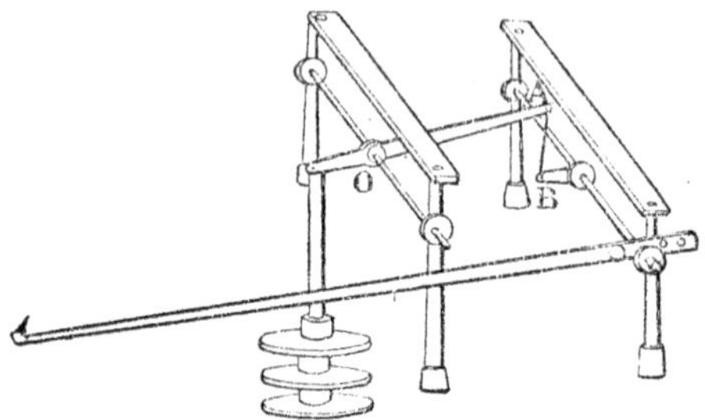

Fig. 5.

La partie supérieure du tambour est percée de deux trous : l'un sert, comme on l'a dit plus haut, pour le remontage, et l'autre, fermé par un guichet, permet de régler le mouvement d'horlogerie en cas d'avance ou de retard. Enfin une vis à tête carrée, placée sous l'appareil, permet de mettre la plume d'accord dans ses indications avec un bon baromètre à mercure.

Hygromètre enregistreur (1). — Ces instruments enregistrent l'état hygrométrique de l'air en centièmes d'humidité. Ils donnent, par une lecture directe, les mêmes indications que les hygromètres à condensation, qui exigent l'observation du point de rosée, le relevé de la température et la consultation de tables de tensions de vapeur. Ils sont livrés accompagnés d'une table qui donne le poids d'eau contenu dans l'air, ce poids étant fonction de l'état hygrométrique et de la température.

(1) L'État ne délivre aux navires armés ordinaires que le baromètre enregistreur. Les navires écoles, ou envoyés en mission scientifique possèdent le thermomètre et l'hygromètre enregistreurs. Le prix moyen de chacun de ces trois appareils est de 125 francs.

On appelle *état hygrométrique de l'air* le rapport de la force élastique, *f*, de la vapeur d'eau contenue dans l'air, à un moment donné, à la force élastique maxima, F, que prendrait cette même vapeur, si, la température demeurant invariable, l'air était saturé de vapeur d'eau, ou encore le rapport des poids de vapeur *p* et P qui entrent dans un volume d'air donné, *p* désignant le poids actuel, P le poids correspondant au maximum de saturation à la même température.

Si nous désignons par le symbole *e* l'état hygrométrique un certain jour, on aura :

$$e = \frac{f}{F} = \frac{p}{P}.$$

L'hygromètre Richard est basé sur la propriété que possèdent les cheveux de s'allonger ou de se raccourcir selon que l'air est plus ou moins humide. L'appareil moteur de l'aiguille est ici constitué par un faisceau de cheveux dégraissés C, maintenu par ses deux bouts entre deux plaquettes A et B (fig. 6). Ce faisceau de cheveux

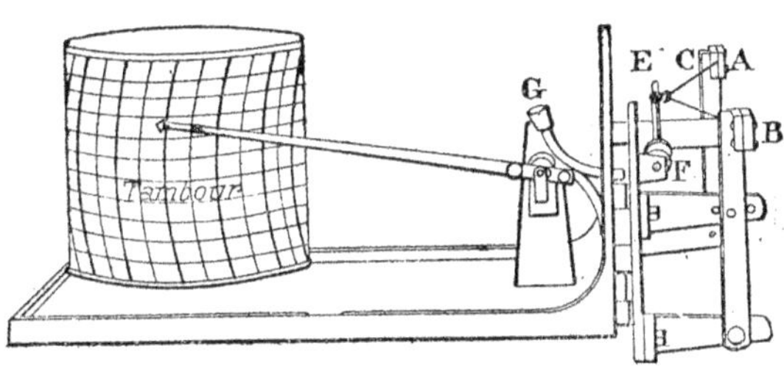

Fig. 6.

forme une sorte de V dont le sommet est capelé dans un petit crochet, articulé à l'extrémité d'un levier coudé EFG, dont les mouvements sont transmis à la plume enregistrante au moyen de deux cames correctrices roulant l'une sur l'autre. Ce dispositif a pour effet de rendre les indications proportionnelles bien que les variations de longueur des cheveux ne le soient pas.

La mise au point se fait en agissant, à l'aide d'une clef appropriée, sur une vis carrée placée en B.

L'appareil est réglé avec l'hygromètre de Regnault, perfectionné par Alluard ; l'échelle est directe et donne au centième le degré hygrométrique.

Tension maxima de la vapeur d'eau aux diverses températures de l'atmosphère. — Le tableau suivant donne un aperçu des tensions *maxima* que prend la vapeur d'eau aux températures les plus habituelles. Le chiffre donné représente la tension que prendrait la vapeur d'eau, dans le vide, à cette température et aussi la tension que prendrait la vapeur mélangée à l'air, à cette même température, si l'air était saturé de vapeur d'eau.

TEMPÉRATURE	TENSION EN MM. DE MERCURE	POIDS DE VAPEUR PAR MÈTRE CUBE D'AIR
	mm.	gr
— 20°	1	1
— 10	2	2
0	5	5
10	9	9
20	17	17
30	32	30
40	55	51

On voit en consultant ce tableau que, même par des températures inférieures à zéro, sur les hautes montagnes, dans les régions polaires, l'air peut contenir encore une certaine quantité de vapeur d'eau. Remarquez que le *poids* de la vapeur d'eau contenue dans l'air ne dépend pas uniquement, d'après cela, de l'état hygrométrique de l'air au moment considéré, mais encore et surtout de sa température. On démontre d'ailleurs en physique que le poids de vapeur d'eau contenue dans un litre d'air est donné par la formule :

$$p = 1^{gr},3 \times \frac{5}{8} \times \frac{1}{1 + \alpha t} \times \frac{Fe}{760},$$

α, coefficient de dilatation de l'air $= 0,00366$, F tension maxima de la vapeur à la température t, e état hygrométrique actuel.

Richesse de l'air en vapeur d'eau. — On appelle ainsi le rapport du poids de la vapeur d'eau contenue dans une masse d'air donnée au poids total de cette masse d'air.

Cette richesse est donnée par la formule

$$r = \frac{p \text{ vapeur}}{\text{Poids total}} = \frac{\frac{5}{8} f}{H - 0,38 f},$$

H désignant la pression atmosphérique et f la tension de la vapeur dépendant de son état hygrométrique et de la température.

Exemple : Supposons la pression barométrique de 760, l'état hygrométrique $= 1$, l'air à 30° de température. On aura

$$r = \frac{0,625 \times 32}{760 - 0,38 \times 32} = 0,026.$$

Ce nombre donne une idée de la plus grande valeur qu'atteint généralement r. Il est rare que la richesse de l'air en vapeur d'eau dépasse 1 à 2 pour 100.

Psychromètre. — Cet appareil se compose en principe de deux thermomètres : l'un, plongé dans l'air, donne la température extérieure, l'autre est soumis à un refroidissement provoqué par l'évaporation de l'eau dont sa boule est sans cesse humectée. Dans ce but, son réservoir est couvert de deux couches de batiste, dont les extrémités plongent dans un petit récipient contenant de l'eau douce.

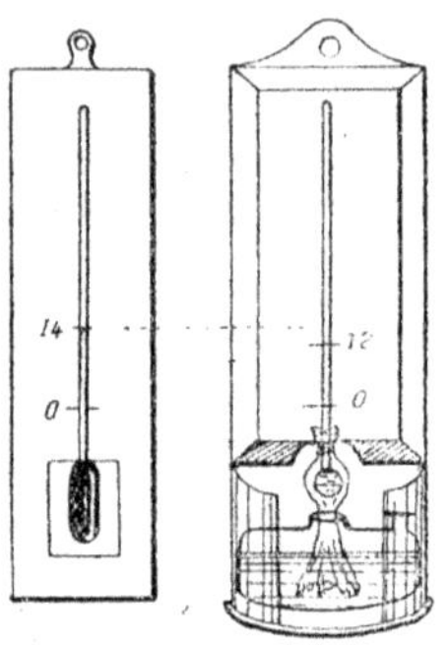

Fig. 7.

L'évaporation est sensiblement proportionnelle à la différence $F - f$ qui sépare la tension maxima, F, de la vapeur d'eau à la température actuelle, de celle, f, au moment actuel. Elle est donc d'autant plus active que l'air est plus sec. Cette évaporation produit un refroidissement de la boule du thermomètre mouillé, et ce refroidissement, lui aussi, est à peu près proportionnel à $F - f$. La comparaison des deux thermomètres permet donc de connaître l'état hygrométrique de l'air à un instant quelconque.

Des formules empiriques permettent d'obtenir l'état hygrométrique $\dfrac{f}{F}$ ou la différence $F - f$.

Il est plus simple de recourir à la table des pages 12 à 16 qui donne $\dfrac{f}{F}$ en faisant cadrer la différence des deux thermomètres avec la température du thermomètre à boule mouillée.

Ainsi on voit dans cette table que si les deux thermomètres marquent 20° et 25°, l'état hygrométrique de l'air est 0,61. L'air contient donc alors les 61/100 seulement du poids de vapeur d'eau qu'il pourrait contenir à la température de 25°, s'il était saturé de vapeur.

Psychromètre enregistreur. — Le psychromètre enregistreur Richard se compose de deux thermomètres inscrivant simultanément leurs indications sur un même cylindre enregistreur : l'un est en tout semblable au thermomètre enregistreur ordinaire et le réservoir du second est maintenu constamment mouillé au moyen d'une mousseline et d'une mèche de coton qui trempe dans un réservoir rempli d'eau. Pour éviter la rencontre des plumes, on décale la plume du thermomètre sec de 10° C, mais il faut avoir soin de tenir compte de ce décalage en consultant les tables psychrométriques.

Pluviomètre. — Le *pluviomètre* a pour but de mesurer la hauteur de la couche d'eau tombée, en un temps donné, sur une surface horizontale donnée. Le plus souvent, l'appareil se compose d'un vase cylindrique, surmonté d'un couvercle en forme d'entonnoir, terminé par une bague à bord tranchant, de manière que le cercle qu'elle limite ait une surface bien déterminée. On emploie beaucoup, en France, un pluviomètre dont la bague a $0^m,226$ de diamètre ($S = 4^{dmq}$). On verse dans une éprouvette graduée le contenu du pluviomètre. En divisant par 40, le volume trouvé, exprimé en centimètres cubes, on obtient en millimètres et dixièmes la hauteur de l'eau tombée sur le sol. Le pluviomètre doit être placé loin d'arbres, ou de maisons, mais jamais sur un toit ou une terrasse, à cause des remous du vent. La bague doit être à $1^m,50$ environ au-dessus du sol. On doit mesurer l'eau contenue dans l'appareil peu de temps après la pluie, pour écarter toute perte par évaporation.

TABLE PSYCHROMÉTRIQUE (de zéro à + 30°).

Température du thermomètre mouillé au-dessus de zéro.

Excès du thermomètre sec sur le thermomètre mouillé.	0°	1°	2°	3°	4°	5°	6°	7°	8°	9°	10°	11°	12°	13°	14°	15°	16°	17°	18°	19°	20°	21°	22°	23°	24°	25°	26°	27°	28°	29°	30°
0°0	100	100	100	100	100	100	100	100	100	100	100	100	100	100	100	100	100	100	100	100	100	100	100	100	100	100	100	100	100	100	100
0,2	96	96	96	97	97	97	97	97	97	97	97	97	98	98	98	98	98	98	98	98	98	98	98	98	98	98	98	98	98	98	98
0,4	92	93	93	93	93	94	94	94	94	95	95	95	95	95	95	96	96	96	96	96	96	96	96	96	97	97	97	97	97	97	97
0,6	88	89	89	90	90	91	91	91	92	92	93	93	93	93	93	93	94	94	94	94	94	94	95	95	95	95	95	95	95	95	95
0,8	85	85	86	87	87	88	88	89	89	89	90	90	90	91	91	91	92	92	92	92	92	92	93	93	93	93	93	93	93	94	94
1,0	81	82	83	83	84	85	85	86	86	86	86	87	88	89	89	89	90	90	90	91	91	91	91	91	92	92	92	92	92	92	93
1,2	78	79	80	80	81	82	83	83	84	84	85	86	86	86	87	87	88	88	88	89	89	89	90	90	90	90	90	91	91	91	91
1,4	74	76	76	77	78	79	80	81	81	82	83	83	84	84	85	85	86	86	87	87	87	88	88	88	88	89	89	89	89	90	60
1,6	71	72	73	74	75	77	77	78	79	80	80	81	82	82	83	83	84	84	85	85	86	86	86	87	87	87	87	88	88	88	89
1,8	67	69	70	71	73	74	75	76	76	77	78	79	80	80	81	81	82	83	83	83	84	84	85	85	85	86	86	86	87	87	87
2,0	64	65	67	69	70	71	72	73	74	75	76	77	78	78	79	80	80	81	81	82	82	83	83	83	84	84	85	85	85	85	86
2,2	61	63	65	66	67	69	70	71	72	73	74	75	76	76	77	78	78	79	80	80	81	81	82	82	82	83	83	83	84	84	84
2,4	58	60	62	63	65	66	67	69	70	71	72	73	74	75	75	76	77	77	78	78	79	80	80	80	81	81	82	82	83	83	83
2,6	55	57	59	61	62	64	65	66	68	69	70	71	72	73	73	74	75	76	76	77	77	78	79	79	79	80	80	81	81	81	82
2,8	52	54	56	58	60	61	63	64	65	67	68	69	70	71	72	72	73	74	75	75	76	77	77	78	78	79	79	79	80	80	81
3,0	50	52	54	56	57	59	61	62	63	65	66	67	68	69	70	71	72	72	73	74	74	75	76	76	77	77	78	78	79	79	79
3,2	47	49	51	53	55	57	58	60	61	63	64	65	66	67	68	69	70	71	72	72	73	74	74	75	75	76	77	77	77	77	78
3,4	44	47	49	51	53	55	56	58	59	61	62	63	64	66	67	67	68	69	70	71	72	72	73	73	74	75	75	76	76	76	77
3,6	41	44	46	49	51	52	54	56	57	59	60	61	62	64	65	66	67	68	69	69	70	71	71	72	73	73	74	74	75	75	76
3,8	39	42	44	46	48	50	52	54	56	57	58	60	61	63	63	64	65	67	67	68	69	69	70	71	71	72	73	73	74	74	75
4,0	36	39	42	44	46	48	50	52	54	55	57	58	59	61	62	63	64	65	66	66	67	68	69	69	70	71	71	72	72	73	73
4,2	34	37	39	42	44	46	48	50	52	53	55	56	58	59	60	61	62	63	64	65	66	67	67	68	69	70	70	71	71	72	72
4,4	32	35	37	40	42	44	46	48	50	52	53	55	56	57	59	60	61	62	63	64	65	65	66	67	68	68	69	70	70	71	71
4,6	29	32	35	38	40	42	44	46	48	50	52	53	55	56	57	58	59	61	62	62	63	64	65	66	66	67	68	68	69	70	70
4,8	27	30	33	36	38	40	43	45	47	48	50	52	53	55	56	57	58	59	61	61	62	63	64	65	65	66	67	67	68	68	69
5,0	25	28	31	34	36	39	41	43	45	47	48	51	52	53	54	55	57	58	59	60	61	62	63	63	64	65	65	66	67	67	68
5,2	23	26	29	32	34	37	39	41	43	45	47	49	50	52	53	54	55	56	58	59	60	60	61	62	63	64	64	65	66	66	67
5,4	21	24	27	30	33	35	37	40	42	44	45	47	49	50	51	53	54	55	56	57	58	59	60	61	62	63	63	64	65	65	66
5,6	19	22	25	28	31	33	36	38	40	42	44	46	47	49	50	51	53	54	55	56	57	58	59	60	61	62	62	63	64	64	65
5,8	17	20	23	26	29	32	34	36	39	41	42	44	46	47	49	50	51	53	54	55	56	57	58	59	60	60	61	62	63	63	64
6,0	15	18	22	25	28	30	33	35	37	39	41	43	44	46	47	49	51	52	53	54	55	56	57	58	59	59	60	61	62	62	63
6,2	13	16	20	23	26	28	31	33	35	38	40	41	43	45	46	48	49	50	51	53	54	55	56	57	58	58	59	60	61	62	63
6,4	11	15	18	21	24	27	29	32	34	36	38	40	42	43	45	46	48	49	50	51	53	54	55	56	56	57	58	59	60	61	62
6,6	9	13	16	19	23	25	28	30	33	35	37	39	41	42	44	45	47	48	49	50	52	53	54	55	55	56	57	58	59	60	61
6,8	8	11	15	18	21	24	26	29	31	33	35	37	39	41	43	44	45	47	48	49	50	52	53	54	54	55	56	57	58	59	60
7,0	6	10	13	16	19	22	25	28	30	32	34	36	38	40	41	43	44	46	47	48	49	51	52	53	53	54	55	56	57	58	59
7,2	4	8	12	15	18	21	24	26	29	31	33	35	37	39	40	42	43	45	46	47	48	50	51	52	52	53	54	55	56	57	58
7,4	3	7	10	13	16	19	23	25	27	30	32	34	36	37	39	41	42	44	45	46	47	49	50	51	52	52	53	54	55	56	57
7,6	»	5	9	12	15	18	21	24	26	28	30	32	34	36	38	40	41	43	44	45	46	48	49	50	51	52	52	53	54	55	56
7,8	»	»	7	11	14	17	20	22	25	27	29	31	33	35	37	39	40	42	43	44	45	47	48	49	50	51	51	52	53	54	55

TABLE PSYCHROMÉTRIQUE (de zéro à + 30°). (Suite.)

Température du thermomètre mouillé au-dessus de zéro.

Excès du thermomètre sec sur le thermomètre mouillé.	0°	1°	2°	3°	4°	5°	6°	7°	8°	9°	10°	11°	12°	13°	14°	15°	16°	17°	18°	19°	20°	21°	22°	23°	24°	25°	26°	27°	28°	29°	30°	Excès du thermomètre sec sur le thermomètre mouillé.
8°0			6	9	13	16	18	21	24	26	28	30	32	34	36	37	39	40	42	43	44	46	47	48	49	50	51	51	52	53	54	8,0
8,2			4	8	11	14	17	20	22	25	27	29	31	33	35	36	38	39	41	42	43	45	46	47	48	49	50	50	51	52	53	8,2
8,4			3	7	10	13	16	19	21	24	26	28	30	32	34	35	37	39	40	41	43	44	45	46	47	48	49	49	50	51	52	8,4
8,6				5	9	12	15	17	20	23	25	27	29	31	33	34	36	38	39	40	42	43	44	45	46	47	48	48	49	50	51	8,6
8,8				4	8	11	14	16	19	21	24	26	28	30	32	33	35	37	38	39	41	42	43	44	45	46	47	47	48	49	50	8,8
9,0				3	6	10	13	15	18	20	23	25	27	29	31	33	34	36	37	39	40	41	42	43	44	45	46	46	47	48	49	9,0
9,2					5	8	12	14	17	19	22	24	26	28	30	32	33	35	36	38	39	40	41	42	44	45	46	46	47	48	49	9,2
9,4					4	7	10	13	16	18	21	23	25	27	29	31	32	34	35	37	38	40	41	42	43	44	45	45	46	47	48	9,4
9,6					3	6	9	12	15	17	20	22	24	26	28	30	31	33	35	36	37	39	40	41	42	43	44	45	46	47	48	9,6
9,8						5	8	11	14	16	19	21	23	25	27	29	31	32	34	35	36	38	39	40	41	42	43	44	45	46	47	9,8
10,0						4	7	10	13	16	18	20	22	25	26	28	30	31	33	34	36	37	38	39	40	42	43	44	45	46	47	10,0
10,2						3	6	9	12	15	17	19	22	24	25	27	29	31	32	33	35	36	37	39	39	41	42	43	44	45	46	10,2
10,4							5	8	11	14	16	18	21	23	25	26	28	30	31	33	34	35	37	38	38	40	41	43	43	44	45	10,4
10,6							5	7	10	13	15	18	20	22	24	26	27	29	30	32	33	35	36	37	37	40	41	42	43	44	44	10,6
10,8							4	7	9	12	14	17	19	21	23	25	27	28	29	31	33	34	35	36	37	39	40	41	42	43	44	10,8
11,0							3	6	9	11	14	16	18	20	22	24	26	27	29	30	32	33	34	36	37	38	39	40	41	42	43	11,0
11,2								5	8	10	13	15	17	19	21	23	25	27	28	30	31	32	34	35	37	38	38	40	41	42	43	11,2
11,4								4	7	10	12	14	17	19	21	22	24	26	27	29	30	32	33	34	36	37	37	39	40	41	42	11,4
11,6								3	6	9	11	14	16	18	20	22	23	25	27	28	30	31	32	34	35	36	37	38	39	40	41	11,6
11,8								2	5	8	11	13	15	17	19	21	22	24	26	28	29	30	32	33	34	36	37	38	39	40	41	11,8
12,0									5	7	10	12	14	16	18	20	22	24	25	27	28	30	31	32	34	35	36	37	38	39	40	12,0
12,2									4	7	9	11	14	16	18	20	21	23	25	26	28	29	30	32	33	34	36	37	38	38	39	12,2
12,4									3	6	8	11	13	15	17	19	21	22	24	26	27	28	30	31	33	34	35	36	37	38	39	12,4
12,6									2	5	8	10	12	14	16	18	20	22	23	25	26	28	29	31	32	33	34	35	37	37	38	12,6
12,8										4	7	9	12	14	16	18	19	21	23	25	26	27	28	30	31	33	34	35	36	37	38	12,8
13,0										4	6	9	11	13	15	17	19	21	22	24	25	27	28	30	31	32	33	34	35	36	37	13,0
13,2										3	6	8	10	12	14	16	18	20	22	23	25	27	28	29	30	31	33	33	35	35	36	13,2
13,4											5	7	10	12	14	16	18	19	21	22	24	26	27	29	30	31	32	33	34	35	36	13,4
13,6											4	7	9	11	13	15	17	19	20	22	23	25	27	28	29	30	31	32	33	34	35	13,6
13,8											4	6	8	11	13	15	16	18	20	21	23	25	26	27	29	30	31	32	33	34	35	13,8
14,0											3	6	8	10	12	14	16	18	19	21	22	24	26	27	28	29	30	31	32	33	34	14,0
14,2												5	7	10	12	14	16	17	19	21	22	24	25	26	27	29	30	31	32	33	34	14,2
14,4												5	7	9	11	13	15	17	19	20	22	23	24	26	27	28	29	30	31	32	33	14,4
14,6												4	6	8	10	13	15	16	18	20	21	23	24	25	26	28	29	30	31	32	33	14,6
14,8												4	6	8	10	12	14	16	18	19	21	22	24	25	26	27	28	29	30	31	32	14,8
15,0													5	7	9	12	14	15	17	19	20	22	23	24	25	27	27	29	30	31	32	15,0
15,2													5	7	9	11	13	15	16	18	20	21	22	24	25	26	27	28	29	30	31	15,2
15,4													4	6	8	11	13	14	16	18	19	20	22	23	25	26	27	28	29	30	31	15,4
15,6													4	6	8	10	12	14	16	17	19	20	21	23	24	25	26	27	28	29	30	15,6
15,8														5	7	10	12	13	15	17	18	20	21	22	23	25	26	27	28	29	30	15,8
16,0														5	7	9	11	13	14	16	18	19	21	22	23	24	25	26	27	28	29	16,0

TABLE PSYCHROMÉTRIQUE (de — 15° à zéro).

Température du thermomètre mouillé.

Excès du thermomètre sec sur le thermomètre mouillé.	15°	14°	13°	12°	11°	10°	9°	8°	7°	6°	5°	4°	3°	2°	1°	0°
0°0	100	100	100	100	100	100	100	100	100	100	100	100	100	100	100	100
0,2	91	91	92	92	93	93	94	94	94	95	95	95	96	96	96	97
0,4	82	84	85	86	86	87	88	89	89	90	90	91	92	92	92	93
0,6	74	76	77	79	80	81	82	83	84	85	86	87	87	88	89	89
0,8	66	68	70	72	74	75	76	78	79	80	81	82	83	84	85	86
1,0	58	61	63	65	67	69	71	73	74	76	77	78	78	80	81	82
1,2	50	54	56	59	61	63	66	68	69	71	73	74	75	77	78	79
1,4	43	46	50	53	55	58	61	63	65	67	69	70	72	73	74	76
1,6	36	40	43	47	50	52	56	58	61	63	65	67	68	70	72	73
1,8	29	33	37	41	44	47	51	54	56	59	61	63	65	66	68	70
2,0	22	26	31	35	39	42	46	49	52	55	57	59	61	63	65	67
2,2	15	21	25	30	34	38	41	45	48	51	53	55	58	60	62	64
2,4	9	15	20	24	29	33	37	40	44	47	50	52	55	57	60	61
2,6	3	9	14	19	24	28	33	36	40	43	46	49	52	54	56	58
2,8		4	9	14	19	24	28	32	36	40	43	46	48	51	53	56
3,0			4	9	15	20	24	28	32	36	40	43	45	48	51	53
3,2				5	10	16	20	25	29	33	36	40	43	45	48	51
3,4					6	12	17	21	26	30	33	37	40	43	46	49
3,6					2	8	13	18	22	26	30	34	37	40	43	46
3,8						4	9	14	19	23	27	31	34	37	40	43

Ces tables sont construites, dans l'hypothèse que la vitesse d'évaporation et, par suite, le refroidissement, $t - t'$, du thermomètre mouillé sont proportionnels à $f - f'$, en supposant le baromètre à 760 millimètres au moyen de la formule :

d'où :
$$f - f' = 0,6\,(t - t'),$$
$$f = f' + 0,6\,(t - t'),$$

dans laquelle f représente la tension de la vapeur actuellement contenue dans l'air, f' la tension maxima correspondant à la température du thermomètre mouillé, t, la température du thermomètre sec, t' celle du thermomètre mouillé.

On a ensuite :
$$e = \frac{f}{F},$$

F, tension maximum de la vapeur à la température t.

Thermomètre plongeur. — Le thermomètre plongeur est destiné à mesurer la température de la surface de l'eau. Il se compose d'un thermomètre ordinaire enfermé dans un tube épais en laiton, muni d'une fenêtre permettant de lire la température, et protégé contre les chocs par cinq tiges de laiton qui l'entourent. A la partie supérieure de la monture, est un anneau qui permet de mettre le thermomètre à la traîne dans l'eau. Des soupapes laissent l'eau entrer par en bas et sortir par en haut, et l'eau, qu'on ramène ainsi à bord, empêche le thermomètre de varier notablement de température, jusqu'à ce qu'on ait lu ses indications.

Thermométrographe. — Cet instrument a pour but de donner les températures maxima et minima de la mer dans une certaine épaisseur. Voici la disposition imaginée par Miller-Casella pour arriver à ce but.

Un tube de verre recourbé en U est terminé à ses deux extrémités par deux réservoirs A et B. Le réservoir A est plein d'alcool, le réservoir B contient de l'alcool surmonté d'une certaine quantité d'air. Une colonne de mercure sépare en bas les deux réservoirs l'un de l'autre. Deux index d'acier I et I′ sont poussés par le mercure quand il avance, mais demeurent en place quand il recule. Ce thermomètre, laissé en place un temps un peu long, indiquera le maximum et le minimum de température pendant le temps considéré. Si la température augmente, I′ est poussé vers le haut et demeure en place quand la température s'abaisse.

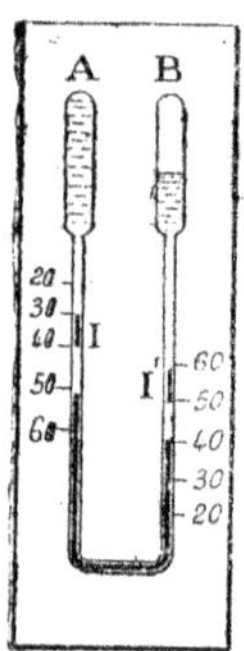

Fig. 8.

Si la température diminue, l'index I est remonté, mais demeure en place quand la température s'élève de nouveau.

Quand l'instrument doit servir à nouveau, on amène, avec un aimant, les index à toucher le mercure.

Le grave inconvénient de cet instrument, c'est qu'il indique non le maximum et le minimum en un endroit donné, mais le maximum et le mini-mum de l'ensemble des couches traversées. Les thermomètres à renversement de Negretti et Zambra évitent cet inconvénient.

Thermomètre à renversement, type Negretti. — Le tube thermométrique porte à sa base un étranglement tel que, si, à un moment donné, on retourne le thermomètre, la colonne mercurielle se rompt à l'étranglement. Le mer-

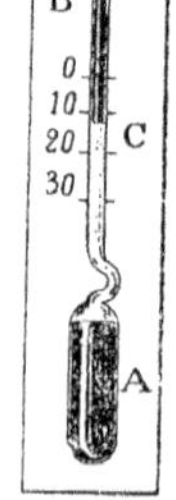

Fig. 9.

cure accumulé de B en C permet alors de connaître la température de l'endroit voulu. C'est en réalité la partie BC qui devient le véritable thermomètre. L'instrument est enfermé dans un tube épais et clos destiné à résister aux pressions extérieures (environ 1 atmosphère par 10 mètres de profondeur dans l'eau salée). L'instrument doit demeurer au moins une demi-heure dans la couche dont on veut connaître la température. Le retournement s'opère en laissant couler un anneau le long de la ligne au bout de laquelle est l'instrument. Le choc de cet anneau agit sur un déclic. Le thermomètre se retourne.

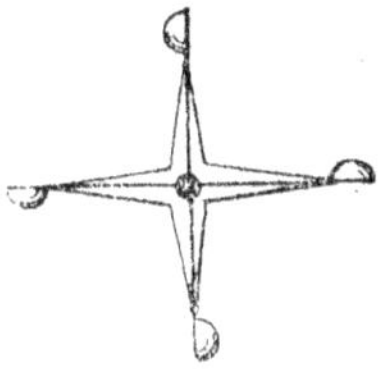

Anémomètres. — L'anémomètre est destiné à mesurer la vitesse du vent, autrement dit le chemin parcouru en une seconde par les molécules d'air.

Fig. 10.

Dans la marine de l'État on a employé, pendant plusieurs années, l'*anémomètre Fleuriais*, qui est un perfectionnement de l'anémomètre de Robinson.

Ce dernier se compose d'un moulinet horizontal à quatre bras, terminés par des coupes hémisphériques toutes orientées dans le même sens. L'axe qui porte ce moulinet est muni d'une vis sans fin qui engrène avec les roues d'un compteur.

Dans l'anémomètre Fleuriais, la vis sans fin engrène avec une roue dentée de 80 dents munie, sur la face, de 8 butoirs métalliques. Chaque fois que le moulinet a fait 10 tours, un des butoirs vient rencontrer un ressort, qui établit le courant d'une pile.

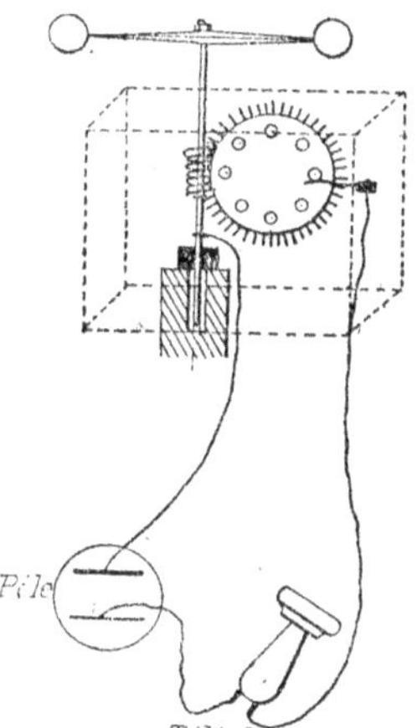

Fig. 11.

Avec un téléphone placé au pied du mât, à chaque contact, on entend un petit choc. On compte le nombre de chocs pendant la durée d'un sablier de 3o secondes (sablier du loch).

L'expérience a montré que la vitesse des coupes est le 1/3 de la vitesse du vent. On a donné au moulinet un diamètre tel que sa circonférence soit égale à $\dfrac{5^{m}}{3}$. Soit alors n le nombre de contacts exécutés par les butoirs en 3o secondes ; il est clair que le chemin parcouru par les coupes en 3o secondes, sera égal à 10 fois la circonférence du moulinet, multipliée par n, ou $\dfrac{5^{m}}{3} \times 10 \times n$.

Le vent fait un chemin triple de celui que parcourent les coupes, et égal, par conséquent à $5^{m} \times 10 \times n$. En une seconde, le chemin sera 3o fois plus petit, ce qui donne finalement :

$$v = \frac{5 \times 10 \times n}{3o} = \frac{5n}{3}.$$

L'expérience a montré que cet instrument donnait souvent des indications inexactes. Aussi n'est-il plus réglementaire sur les navires de l'État.

Pour vérifier les anémomètres, on les place sur une locomotive à laquelle on donne, par temps calme, des vitesses facilement mesurables le long de la voie.

L'*anémomètre Richard* se compose d'un moulinet à ailettes d'aluminium cambrées de façon à constituer une hélice au pas de 1 mètre, de sorte que 1 tour de moulinet correspond exactement à un mètre de vent. Un système de vis sans fin et de roues d'engrenages permet d'envoyer un contact électrique chaque fois que le moulinet a fait un nombre déterminé de tours ; 1, 25, 100 ou 1 000 tours. L'appareil est complété par une queue qui oriente l'ensemble de façon que le moulinet reçoive toujours l'action du vent normalement.

Cartes de Maury. — Les cartes de Maury sont les premières qui aient été établies, d'après les rapports des capitaines, afin de fournir aux navigateurs le vent probable dans tel ou tel parage.

Dans ces cartes la surface des mers est divisée en carrés, ou rectangles de 5 en 5 degrés de latitude et de longitude.

Un cercle intérieur, toujours le même, contient le nombre des observations. Un cercle concentrique, parfois absent, permet de connaître la probabilité des calmes. Des segments de droite extérieurs à ces cercles et émanant du centre, indiquent la direction du vent probable. Ainsi le segment AA′ qui se dirige vers le S. O. indique que le veot de N. E. est *plus probable* (mais

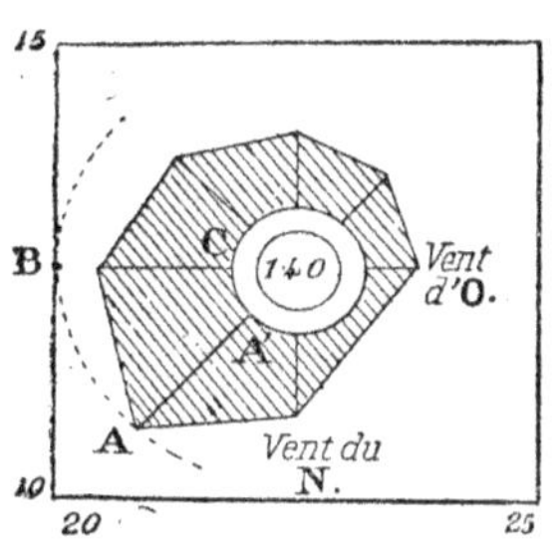

Fig. 12.

non plus fort) que les vents de Nord, d'Ouest, etc. Le plus grand segment est *toujours tel* qu'il viendrait, par rotation, tangenter les côtés verticaux du rectangle. C'est en comparant chaque segment *au total de tous les segments* qu'on obtient la probabilité totale de tel ou tel vent. Les extrémités des segments sont unies entre elles. Le polygone hachuré, qui en résulte, frappe l'œil et montre, sans hésitation, quels sont les vents les plus fréquents dans la région.

Les cartes sont faites pour un trimestre. Il y en a donc 4 pour un an. Elles sont locales ; ainsi il y a les 4 cartes de l'Atlantique Nord, les 4 cartes de l'Atlantique Sud, letc... On connaît la *probabilité des calmes* en comparant a distance des cercles concentriques à la longueur du plus grand segment.

De ce qu'un vent n'est pas indiqué dans un rectangle, ou de l'absence du cercle des calmes, il faut conclure non pas qu'on n'aura pas ce vent-là, ou qu'on ne trouvera pas de calmes, mais que les observations n'en ont pas relaté.

Cartes de Brault. — Pendant son séjour au dépôt des cartes et plans, M. Brault a réédité, en les complétant, les cartes de Maury. Les observations ont été à nouveau reprises et M. Brault en a déduit l'intensité probable des différents vents dans telle ou telle région. Afin d'indiquer cette intensité probable, chaque segment est divisé en plusieurs parties teintées différemment selon la force du vent et conformément au tableau ci-dessous.

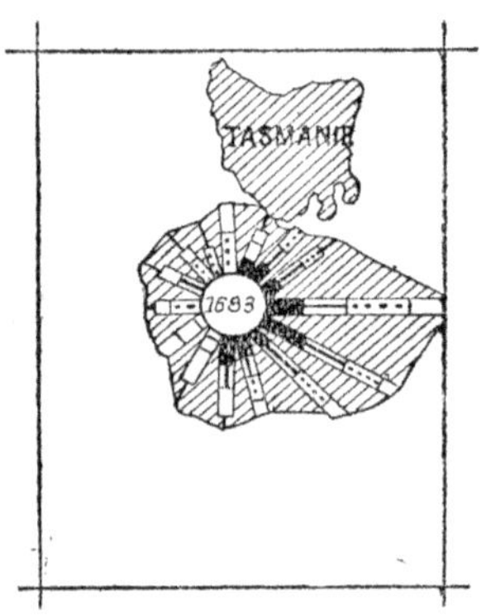

Vent *grand frais ou frais*
Forte brise ou bonne brise
Jolie brise
Petite brise
Légère brise

Fig. 13.

Ainsi, sur le fragment de carte que nous avons reproduit, on voit que, *si le vent se met à souffler* du N.-O., il y a 3 chances sur 10 pour que le vent soit grand frais, 3 sur 10 pour qu'il y ait bonne brise, 3 sur 10 pour qu'il y ait jolie brise, 1 sur 10 qu'il y ait petite brise.

Usage des cartes de Maury ou de Brault. — Quand on veut aller d'un point à un autre, sur un voilier, il faut se procurer la carte des régions où la navigation doit s'accomplir et la prendre pour le trimestre actuel. A l'inspection de l'ensemble des vents probables, on voit d'un coup d'œil quelle est la route qui est la plus avantageuse à suivre, tant comme direction que comme force des vents. On voit également quelles sont les régions encalminées dont il faut se garder d'approcher, sur un navire à voiles, si on veut faire une traversée dans de bonnes conditions.

En règle générale, on constatera que, *pour se rendre dans l'Est, il faut, dans les deux hémisphères, s'élever en latitude et faire sa longitude vers 35° à 40° Nord ou Sud. Au contraire, pour aller dans l'Ouest, il faudra venir prendre les alizés et faire sa longitude vers 15° à 25° Nord ou Sud.*

Pilot charts. — Le service hydrographique des États-Unis publie *chaque mois* des cartes donnant, pour l'Atlantique Nord, l'Atlantique Sud, le Pacifique Nord, le Pacifique Sud, l'Océan Indien, les renseignements les plus complets sur les vents probables, les calmes, les régions de pluies équatoriales, les épaves, les glaces flottantes, etc...

Ces cartes sont, en quelque sorte, avec certains perfectionnements, la continuation de celles de Maury. Les vents sont représentés par des flèches indiquant leur direction, et orientées vers le centre de chaque rectangle.

La probabilité d'un vent donné s'obtient en portant la longueur de la flèche représentative du vent considéré, sur l'échelle de pourcentage placée au bas de la carte à gauche. Cette flèche se mesure depuis son talon jusqu'au centre du petit cercle placé au milieu de chaque rectangle.

La force du vent est indiquée par le nombre de barbes portées par le talon de la flèche (Échelle de Beaufort).

Le chiffre inscrit au centre du petit rond indique le pourcentage des calmes probables, petites brises ou vents variables.

Ainsi : si la flèche des vents de Nord, 4 barbes, donne 22 à l'échelle, si celle des vents de NE, 5 barbes, donne

26, si celle des vents d'Est, 3 barbes, donne 18, et si le chiffre des calmes est 34, on doit en conclure que : sur 100 heures, il y aura probablement 22 heures de vent de Nord (force 4), 26 heures de vent de NE (force 5), 18 heures de vent d'Est (force 3), et 34 heures de calmes, petites brises ou vents variables.

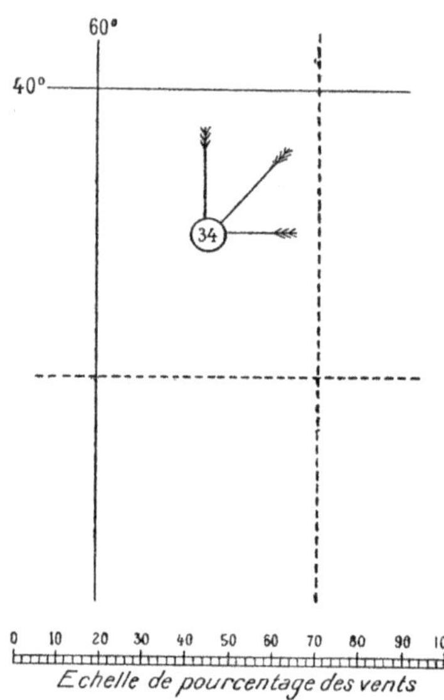

Fig. 14.

Les méridiens et parallèles sont tracés, en traits pleins, de 10 en 10 degrés, et, en traits pointillés allongés, de 5 en 5 degrés intermédiaires. Chaque rectangle de 5 degrés en latitude et en longitude porte l'indication des vents probables telle que nous l'avons expliquée ci-dessus.

Toutes les cartes sont faites d'après les mêmes principes.

Nous décrirons ici, sommairement, la carte de l'Atlantique Nord. Les autres cartes contiennent à peu près exactement les mêmes renseignements. Sur toutes les cartes on trouve tracées, en traits forts, couleur bleue,

Fig. 15.

les routes recommandées, pour le mois considéré, pour les vapeurs et les voiliers (fig. 15).

Le lieu géométrique des points ayant même déclinaison de l'aiguille aimantée est représenté par des traits
pleins (couleur noire) de 5 en 5 degrés, et, par des
lignes pointillées, pour les degrés intermédiaires (fig. 16).

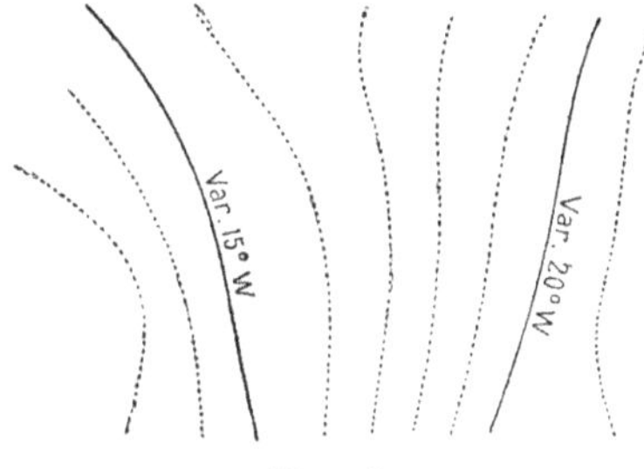

Fig. 16.

Un pointillé allongé (couleur bleue) indique les limites
des alizés (fig. 17).

Des hachures à 45° indiquent l'emplacement des pluies
équatoriales (fig. 17).

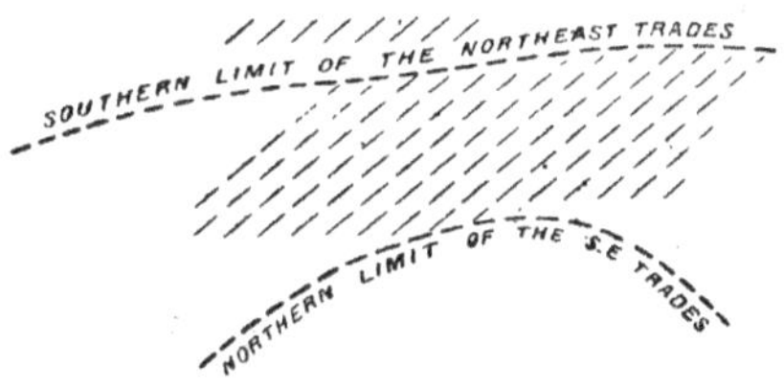

Fig. 17.

Les courants sont représentés par de petites flèches
noires (fig. 18).

Dans les régions avoisinant Terre-Neuve, des courbes
(couleur bleue) indiquent la limite des brumes et leur
pourcentage, d'après la moyenne des six dernières
années (fig. 19).

Dans les mêmes parages, les glaces flottantes ou champs
de glace sont représentés par des triangles rouges,
pleins ou vides, ou par des cercles de couleur rouge. Ces

signes indiquent les glaces aperçues depuis le 20 du

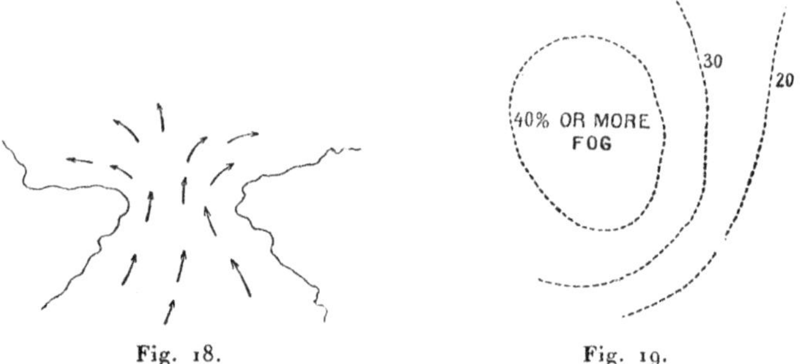

Fig. 18.   Fig. 19.

mois précédent. Quand de nombreux icebergs ont été signalés, le premier est uni au dernier par une ligne avec les dates correspondantes, et le nombre d'icebergs est écrit à côté, sur la ligne précitée.

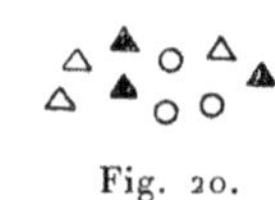

Fig. 20.

Les épaves flottantes, les bouées en dérive sont représentées par les signes ci-contre, de couleur rouge. Autant que possible le nom du navire en

Fig. 21.

dérive est inscrit avec la date à laquelle il a été aperçu.

La carte porte encore, en traits rouges, les trajec-

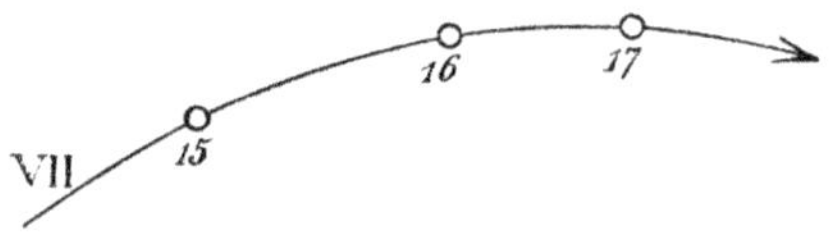

Fig. 22.

toires des plus importants cyclones qui ont eu lieu dans le même mois pendant les années antérieures. Les chiffres romains placés à l'origine de chaque trajectoire indiquent le numéro du tableau placé à droite, vers le milieu de la feuille, tableau où sont collationnés les principaux ouragans du même mois pendant les 10 années précédentes. Les chiffres arabes indiquent à minuit moyen de Greenwich la position du centre de ces cyclones.

Sur les côtés de la carte on trouve de nombreuses indications :

A gauche, les renseignements les plus complets sur la répartition de la pression barométrique, pour le mois considéré, une étude détaillée sur les vents probables, sur les variations de la température, la distribution des zones de brume, etc.

En haut, à gauche, une petite carte indique le pourcentage (par rectangle de 5 degrés en latitude et en longitude) des brises de force 8 et au-dessus.

Plus bas et à gauche on trouve :

1° La description du signal indiquant que des sous-marins sont en manœuvre ; ce signal se compose d'un pavillon rouge à carré blanc intérieur, dans lequel est dessiné un fer de lance de couleur noire ;

Fig. 23.

2° La description des signaux indiquant les coups de vent probables. Ces signaux sont faits, par 141 stations des États-Unis, au moyen de flammes, blanches ou rouges, pour indiquer la direction du vent, et d'un ou deux pavillons rouges à carré noir.

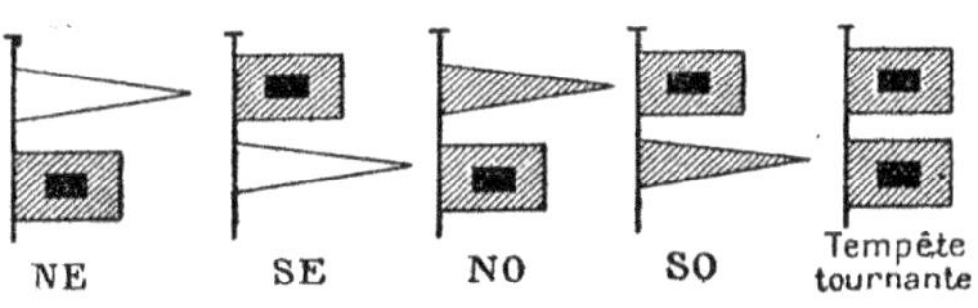

Fig. 24.

Enfin en bas, à gauche, on trouve l'explication *des*

signes représentatifs des épaves, des icebergs, des courants, des trajectoires des cyclones, des lignes d'égale déclinaison, des pluies équatoriales, des vents (force et direction), des stations de télégraphie sans fil :

⊛   Station du gouvernement des États-Unis.

⊙   —   des gouvernements étrangers.

En haut, *à droite,* on trouve la description des signaux de coups de vent usités en Angleterre : Cône pointe en haut ou pointe en bas (ou trois feux en forme de triangle analogue, la nuit) ; puis les signaux usités en France pour le même usage : cône pointe en haut au-dessus d'un cylindre, ou cône pointe en bas en dessous d'un cylindre ; ou encore cône seul pointe en haut ou en bas.

Un peu plus bas, à droite, on trouve le tableau indiquant vers quel point du globe (en latitude et en longitude), les navires qui, venant du Cap Horn, se rendent

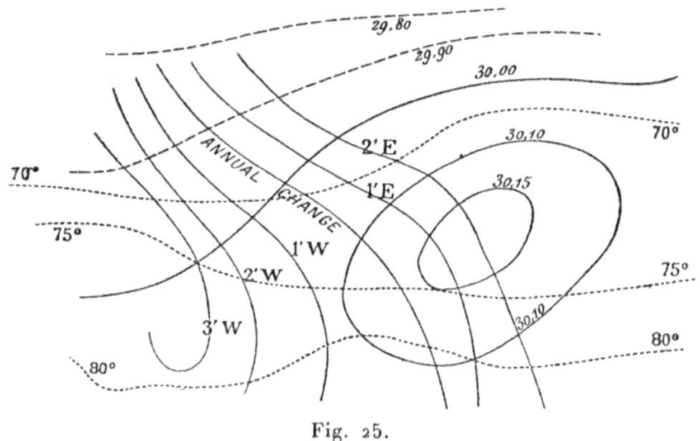

Fig. 25.

aux États-Unis, côté Ouest, pendant le trimestre qui va suivre, perdront les alizés de SE, retrouveront ceux du NE et les perdront ensuite.

En dessous et toujours à droite, on trouve le tableau, dont nous avons parlé plus haut, des principaux cyclones constatés pendant les dix années qui précédent.

Un peu plus bas, et toujours à droite, est une petite carte représentant : en rouge, la variation *annuelle* de la déclinaison de l'aiguille aimantée, en bleu, traits pleins, les isobares supérieurs à 30 pouces anglais, en pointillé allongé les isobares inférieurs à 30 pouces, en pointillé fin les isothermes (en degrés Farenheit) (fig. 25).

Un petit tableau, placé à droite de cette petite carte, indique la correction à faire à la lecture du baromètre à mercure, pour le ramener à 32° Farenheit (c'est-à-dire à 0° centigrade), et aussi la correction relative à la variation de la gravité selon la latitude.

Enfin ajoutons qu'au verso de la carte on trouve des renseignements relatifs à différents ports du globe.

Anciennes sondes. — Le but des sondes est de déterminer en un point la profondeur de l'eau. L'ancienne sonde, encore employée sur quelques navires, se compose d'une ligne graduée munie d'un plomb. Il y a deux espèces de sondes : la petite sonde, qu'on lance sur l'avant, le navire ayant une petite vitesse. Elle est graduée de 10 en 10 mètres par des marques en étamine bleue, blanche et rouge. Les milieux sont indiqués par une petite ligne transversale, les mètres par des languettes de cuir. Le plomb pèse 5 kilogrammes.

La grande sonde, dont on ne peut se servir qu'après avoir pris la panne sous le grand hunier, est munie d'un plomb de 45 kilogrammes. Elle est graduée de 50 en 50 mètres par des marques en étamine, bleue, blanche, rouge et jaune, et de dix en dix mètres par des languettes de cuir.

Mais actuellement on emploie de préférence le sondeur Thomson, qui permet de sonder avec une certaine vitesse.

Sondeur Thomson. — Sondeur Warluzel. — Ces sondeurs sont d'un usage courant dans la navigation, on en trouvera la description et toutes les indications nécessaires à leur emploi dans le tome II de l'ouvrage « Gréement, manœuvre et conduite du navire ».

Sondeur Brooke. — Dans les études scientifiques, on peut désirer connaître la profondeur des Océans et rapporter des échantillons du fond. Le sondeur ordinaire de Thomson est insuffisant. Car on ne pourrait remonter, d'une profondeur de 8 à 10 000 mètres, la ligne et le poids nécessaire pour l'entraîner. On abandonne le poids qui fait descendre la ligne. Ce sont alors des sondeurs à *poids perdu*. Le plus simple est le sondeur américain Brooke. La corde à piano, qui sert de ligne de sonde, vient se fixer en A à une sorte de croc qui maintient par une élingue MN le boulet en fonte BB'. La tige T traverse librement le boulet. Au moment où elle atteint le fond le croc laisse échapper l'élingue. Le boulet tombe et on ne ramène à la surface que la tige creuse T qui rapporte un échantillon du fond.

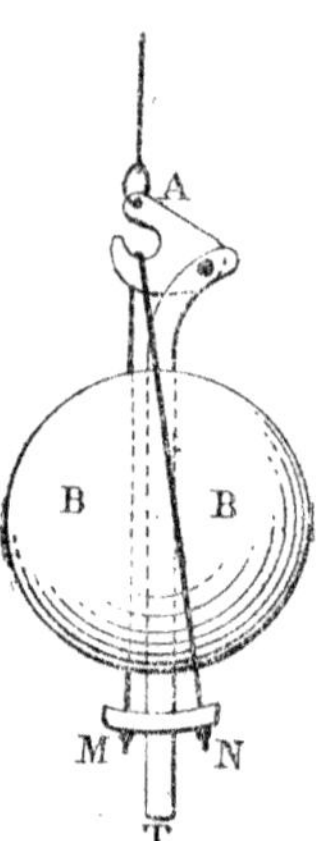

Fig. 26.

Sondeurs de l'Hirondelle, du Travailleur. — Ces sondeurs sont fondés sur le principe du sondeur Brooke ; les poids sont constitués par des rondelles de fonte, qui se déclanchent dès que le tube touche le fond. Quand on tire ensuite le tube, les rondelles ferment automatiquement soit des clapets, soit des robinets placés au bas du tube, qui rapporte ainsi un échantillon du fond. On peut, par un procédé analogue, rapporter de l'eau puisée à une profondeur déterminée en laissant couler le long du fil, quand le tube en laiton a atteint la profondeur voulue, un disque en fonte, qui ferme un robinet placé en bas du tube, et se trouve ensuite perdu.

Aéromètre marin. — Cet instrument a pour but de déterminer directement la *densité* de l'eau de mer. C'est un aéromètre à poids constant gradué en densimètre. Le chiffre auquel il affleure, en le plongeant dans l'eau de mer, donne le nombre de centièmes et de millièmes à ajouter à l'unité pour avoir la densité. Ainsi, s'il affleure à la division 33, la densité cherchée est 1,033 (figure 27). Pour s'en servir, il faut placer l'eau dans une éprouvette en verre et regarder

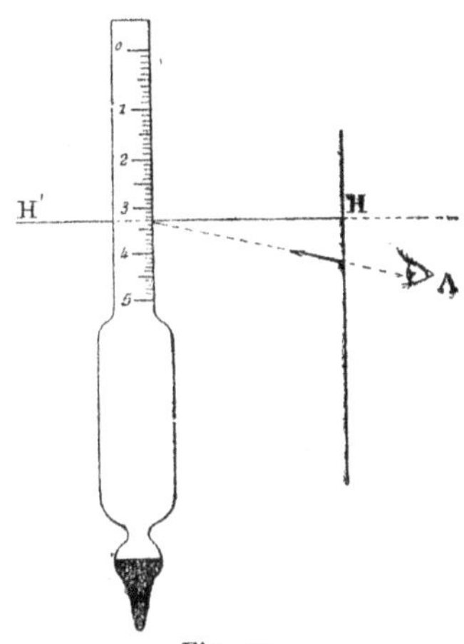

Fig. 27.

par en dessous, en relevant l'œil de A jusque dans le plan HH′, si on veut trouver toujours des résultats concordants.

CHAPITRE II

Notions de physique appliquée à la météorologie.

Equilibre des fluides et des liquides, conséquences. — Nous nous bornerons à rappeler ici les principales lois de l'équilibre des liquides :

1º Dans un liquide en équilibre la surface libre est horizontale, si ce liquide est en petite quantité. Sinon la surface libre est représentée par la surface de l'ellipsoïde terrestre. Ainsi la surface des mers est convexe.

2º Dans une couche horizontale, la pression est partout la même. Elle est égale au poids de la colonne liquide ayant pour base l'élément considéré et pour hauteur sa distance au niveau de la surface libre du liquide.

3º Dans une même couche horizontale la pression est indépendante de la direction de l'élément considéré.

4º Tout corps plongé dans un liquide (principe d'Archimède) éprouve une poussée de bas en haut égale au poids du liquide déplacé.

Tous ces principes sont applicables au gaz.

Ainsi, quand, étant au niveau de la mer, on s'élève dans l'air de 11 mètres, la pression diminue du poids d'une colonne d'air de 11 mètres de haut, ce qui représente, à peu près, un abaissement de 1 millimètre au baromètre. Mais comme les gaz sont compressibles, la densité des couches supérieures est plus faible, de sorte qu'il faudra monter de quantités de plus en plus grandes pour constater des abaissements égaux de pression. Si l'air qui nous entoure avait, à toute hauteur, la même densité qu'au ras du sol, la hauteur de l'atmosphère serait d'environ 8 000 mètres. On ignore la loi rigoureuse de décroissance des densités, mais il est certain que la hauteur totale ne doit guère dépasser 80 000 mètres.

Équilibre instable de l'atmosphère. — L'air contient de la vapeur d'eau, surtout dans les couches voisines du sol qui sont plus chaudes. Le baromètre indique le total de la pression due à l'air sec et de la pression de la vapeur d'eau qu'il contient. Si deux portions de l'atmosphère, voisines l'une de l'autre, exercent au ras du sol la même pression barométrique totale, elles peuvent contenir, malgré cela, des quantités de vapeur différentes.

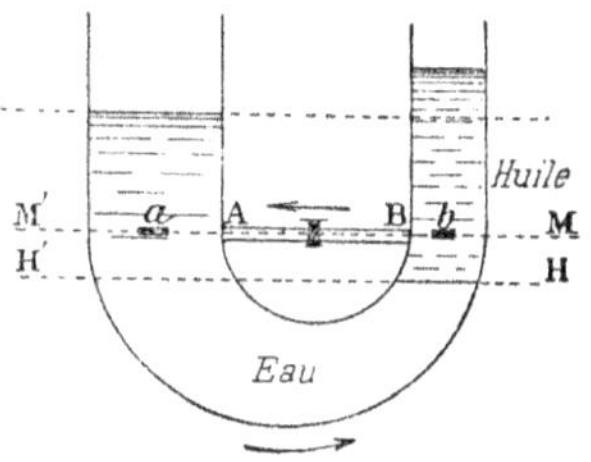

Fig. 28.

Alors l'équilibre est impossible, comme entre deux vases communiquants, contenant deux liquides de densités différentes (fig. 28). Bien que, à la partie inférieure, les éléments de la masse liquide supportent une égale pression de la part de la colonne de droite, comme de la part de la colonne de gauche, si on vient à établir une communication entre deux points A et B par un tube horizontal il y a écoulement de droite à gauche dans le cas de la figure, la molécule *b* supportant une pression plus forte que la molécule *a*. Dans le bas, il y aura un contre-courant vers la droite, pour remplacer le liquide qui passe de B en A.

Pareillement, dans l'atmosphère, où cette communication supérieure existe, il y aura, à la partie supérieure, déversement de l'air plus riche en vapeur dans la partie moins riche, et pour rétablir l'équilibre il y aura déversement en sens contraire à la partie inférieure.

Par un raisonnement, en tout semblable, on verrait que deux colonnes d'air voisines, de même composition, mais inégalement chauffées, ne peuvent demeurer en équilibre si on établit une communication entre elles à la partie supérieure, ce qui a lieu dans l'atmosphère. M. Angot a construit un appareil démonstratif où deux colonnes d'eau égales, chauffées inégalement dans les deux branches d'un tube en V, permettent de constater les faits relatés ci-dessus : passage d'une branche à l'autre par un conduit horizontal reliant les deux branches à leur partie supérieure.

Émission de la chaleur. Absorption. — Les corps échauffés, comme les corps incandescents, *émettent* des radiations calorifiques généralement sensibles aux thermomètres. Ces rayons se propagent en ligne droite. Voyons ce qu'ils deviennent quand ils rencontrent un obstacle. L'expérience démontre que cette chaleur se partage de la manière suivante : une partie est *réfléchie*, d'autant mieux que le corps est plus poli, une autre est *transmise*, c'est-à-dire traverse le corps, une autre est *diffusée*, c'est-à-dire renvoyée dans tous les sens, d'autant plus que le corps est plus rugueux ; une partie enfin est *absorbée* par le corps.

Les gaz ont un pouvoir absorbant extrêmement faible. La vapeur d'eau contenue dans l'air a, au contraire, un pouvoir absorbant énorme. Ainsi, alors que l'air ne contient guère, en vapeur, que 1/200 de son poids, le pouvoir absorbant et émissif de cette faible quantité de vapeur est 100 fois plus considérable que celui de l'air sec auquel elle est mélangée.

Mécanisme de la vapeur d'eau dans l'atmosphère. — C'est

la vapeur d'eau contenue dans l'air qui recueille la plus grande partie de la chaleur solaire ; elle restitue ensuite cette chaleur à l'air auquel elle est mélangée et permet à l'air, qui sans cela resterait froid, de prendre ainsi sa part du rayonnement solaire. L'air rayonne peu, et conserve longtemps la chaleur que la vapeur lui a restituée. Mais le résultat final est le même que si la vapeur n'existait pas. Elle n'a servi que d'intermédiaire. La terre ne conserve d'ailleurs rien de la chaleur solaire. Elle voyage dans les espaces planétaires extrêmement froids, et, rayonnant à son tour, elle se refroidirait, si, incessamment, le soleil ne lançait sur elle de nouvelles quantités de chaleur.

Formation de la vapeur par évaporation. — L'eau répandue sur la surface du sol, celle qui constitue la surface des mers, tend toujours à se transformer en vapeur. Ce dégagement demande beaucoup de chaleur. Ainsi, pour qu'un kilogramme d'eau à 15° se change en vapeur, il faut 596 calories (1). Pour que cette eau soit vaporisée, il faudrait que 200 mètres cubes d'air abandonnassent leur chaleur en passant de 15° à 10".

L'évaporation se fait lentement à l'ombre, rapidement sous l'action des rayons solaires. Elle est activée par l'action d'un vent violent et sec. Une fois la vapeur produite, comme sa densité n'est que les $\frac{5}{8}$ de celle de l'air, elle monte, étant plus légère que l'air. Les vents l'emportent, et elle conserve, en grande partie, la chaleur qu'elle a absorbée pour se former. Elle n'abandonne cette chaleur à l'air ambiant, en totalité, qu'au moment où elle se condense.

Condensation de la vapeur d'eau atmosphérique. — La

(1) On appelle *calorie* la quantité de chaleur nécessaire pour élever d'un degré la température d'un kilogramme d'eau.

vapeur plus légère que l'air s'élève incessamment. Atteignant des couches atmosphériques moins denses, elle se *dilate* et sa densité demeure les 5/8 environ de la densité de l'air ambiant. La dilatation abaisse sa température et provoque un commencement de condensation. Il en est de même si les vents l'apportent dans une région plus froide. Ainsi se forme le *nuage* composé de particules d'eau à l'état de poussière impalpable (1). Ces particules, plus lourdes que l'air, tombent sans cesse lentement vers le sol, mais bientôt, rencontrant des couches d'air plus chaudes, elles se volatilisent à nouveau, ce qui fait que le nuage est en état perpétuel de transformation.

Remarquez, en passant, que le brouillard est au fond un nuage qui se trouve au ras du sol et qui enveloppe par suite l'observateur. Ce n'est que lorsque la condensation est très rapide que les molécules d'eau si ténues, qui constituent le nuage, s'unissent en gouttelettes plus grosses pour constituer la pluie.

Solidification. — Lorsque, pendant l'hiver, l'air froid a soutiré à l'eau progressivement 80 calories, par kilogramme, l'eau passe à l'état de glace. Ce nombre prend le nom de chaleur de fusion de la glace, car, pour fondre un kilogramme de glace à 0°, il faut dépenser 80 calories.

Mélange de l'air et de la vapeur d'eau. — Dans le vide, l'eau se vaporise instantanément. L'eau, en contact avec l'air, se vaporise beaucoup plus lentement. La tension de la vapeur ainsi formée deviendrait, à la longue, la même que celle qu'elle prendrait, dans le vide, à la même température. Mais les agitations constantes de l'air modifient

(1) Diverses expériences semblent prouver que ces particules n'ont qu'un cinquantième de millimètre de diamètre.

constamment l'état d'équilibre. En tout cas, il peut y
avoir équilibre et égalité de pression à la surface du sol,
en plusieurs points voisins, par des mélanges très variables d'air et de vapeur, pourvu que la somme de leurs
tensions soit la même.

En deux points peu éloignés, il peut même y avoir
momentanément des températures différentes en même
temps que des quantités différentes de vapeur. Il n'en
serait pas ainsi, sans la présence de l'air ; car, *en vertu
du principe de la paroi froide,* la condensation de la vapeur serait extrêmement rapide ; la vapeur, qui subsis-
terait, prendrait presque instantanément la tension qui
correspondrait à la plus basse température. La présence
de l'air forme, en quelque sorte, édredon et ralentit énormément la durée de la condensation. En fin de compte,
la région équatoriale, très échauffée, représente un immense appareil distillatoire ; les régions plus froides au
nord et au sud des tropiques sont le réfrigérant de cet
appareil. Cette production de vapeur est d'ailleurs in-
cessante, puisqu'elle est due, en presque totalité, aux
rayons solaires. Cette vapeur tend à se déverser vers les
pôles, mais des causes extrêmement variables modifient
énormément la régularité de ce transport.

Hygrométrie. — Nous avons décrit, dans le chapitre premier les hygromètres et, en particulier, l'hygromètre enregistreur Richard. Disons quelques mots des indications de
ces instruments. Ils ne font connaître le rapport $\dfrac{t}{F}$ que
pour la région tout à fait voisine du sol. Ils ne nous apprennent rien sur l'état de l'air dans les différentes couches situées au-dessus de notre tête. On ne peut donc
conclure de leurs indications la quantité totale d'eau, qui
pourrait, en se condensant, se réduire en pluie.

Toutefois ils nous renseignent sur l'humidité locale de
l'air dans lequel nous vivons, cette humidité étant inté-

ressante à connaître pour la vie animale ou végétale. C'est, en effet, de la différence $F - f$ que dépend l'évaporation de l'eau répandue à la surface du sol. Plus $F - f$ est petit, plus lente est l'évaporation.

Variabilité de l'échauffement solaire sur la terre. Loi de Lambert. — Des causes très nombreuses font que la chaleur solaire se répartit très inégalement à la surface terrestre.

En première ligne il faut citer la plus ou moins grande obliquité des rayons solaires.

Cette obliquité dépend : 1° de la latitude, 2° de la saison, 3° de l'heure de la journée.

La quantité de chaleur déversée en un point donné est d'ailleurs régie par la loi de Lambert :

La quantité de chaleur reçue par l'unité de surface, en un temps donné, est proportionnelle au sinus de l'angle d'inclinaison des rayons solaires sur cette surface.

Aux causes astronomiques générales que nous avons citées, il faut joindre l'inégale répartition de la vapeur d'eau. La chaleur traverserait l'air sec, sans, pour ainsi dire, en ébranler les molécules. La vapeur d'eau, même à l'état gazeux, retient par absorption une grande partie de la chaleur solaire. Le phénomène se complique quand les nuages arrêtent les rayons solaires. C'est alors leur partie supérieure qui subit les effets de l'évaporation, qui, sans cela, se produit à la surface de la terre ou des mers.

Ajoutons à tout cela l'inégale distribution des terres et des mers.

Dans les mêmes conditions, la mer s'échauffe moins que la terre ; elle réfléchit mieux les rayons solaires. L'agitation de la mer répartit et emmagasine plus profondément la chaleur absorbée. D'autre part, son pouvoir émissif est faible.

La terre, elle, ne présente pas partout les mêmes conformations. Il y a des plaines arides, des terres cultivées, des différences de niveau, des versants, des colorations, qui influent considérablement sur la distribution de la chaleur pendant le jour et sur sa déperdition pendant la nuit, par émission ou rayonnement vers les espaces planétaires.

Ce sont toutes ces causes variables qui produisent les grandes lois des mouvements de l'atmosphère et qui expliquent en même temps les nombreuses exceptions, si compliquées en apparence, que l'on rencontre dans ces grandes lois.

Causes des variations du baromètre. — Nous pouvons maintenant nous rendre compte des principales causes qui feront varier le baromètre ; et, réciproquement, des variations du baromètre, nous pourrons plus tard essayer de tirer les prévisions sur les mouvements de l'atmosphère.

Pour le raisonnement, nous pouvons, sans grands inconvénients, supposer une atmosphère fictive de densité constante et s'arrêtant à 8000 mètres environ de hauteur. Tout se passe, au point de vue de la pression, comme si deux couches, l'une d'air sec, l'autre de vapeur, étaient superposées l'une à l'autre.

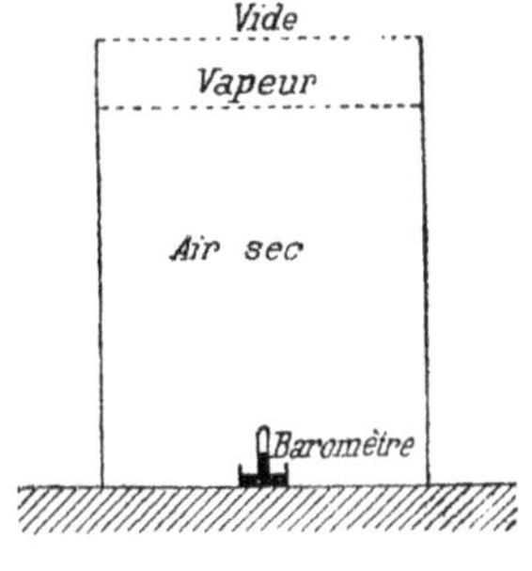

Fig. 29.

Ainsi, quand le baromètre marque 760^{mm}, si la pression due à la vapeur d'eau seule est égale à 16^{mm}, l'air entre pour 760^{mm} — 16^{mm} = 744^{mm} dans la pression barométrique totale 760^{mm}.

Effet sur le baromètre de la variation de la température de l'air sec. — Si l'air s'échauffe, il se dilate. S'il pouvait

se dilater dans un tube vertical, la pression ne change-
rait pas, et le baromètre ne varierait point. Mais la dilatation dans un endroit donné amène, comme nous l'avons
expliqué antérieurement, un déversement des régions
chaudes vers les régions froides. La pression donc, un
moment invariable, baisse bientôt dans la région chaude
pour monter dans la région froide. Mais cette variation
n'est pas instantanée. Elle ne se produit que lorsque les
masses d'air ont commencé leurs déplacements respectifs.

**Effet sur le baromètre de la variation de la température
de la vapeur d'eau.** — Une production brusque de vapeur sous l'action de la chaleur augmente un moment
la hauteur barométrique.
C'est comme si le volume
actuel de vapeur ABCD,
s'augmentait brusque-
ment du volume EFBA
par suite d'un dégage-
ment subit de vapeur. Cela
a lieu parfois au commen-
cement d'une pluie d'o-
rage. L'air très sec se
sature très vivement de

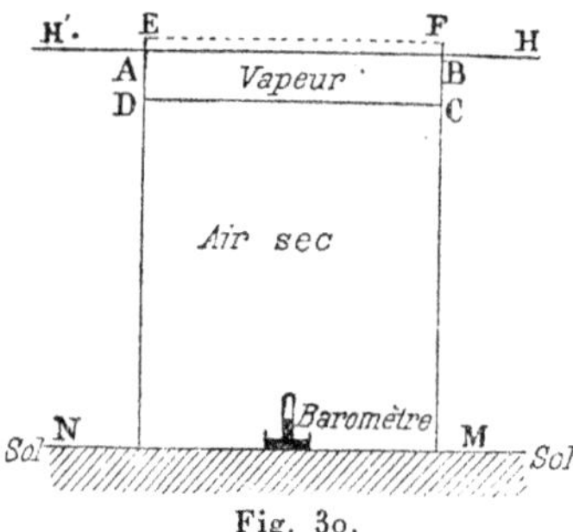

Fig. 3o.

vapeur et la pression barométrique subit une ascension
brusque. Mais bientôt tout se passe comme si la partie
EFBA se déversait au niveau général HH', et alors la
pression baisse, puisque l'air et la vapeur qui demeurent
dans la région ABMN sont plus chauds, par suite plus
dilatés et moins denses.

En résumé les variations de la température ont sur
l'air ou sur la vapeur d'eau des effets analogues, au point
de vue barométrique. Ces effets peuvent d'ailleurs provenir aussi bien des différences de température causées
par la succession des saisons que de celles causées par la
succession périodique du jour et de la nuit.

Marée barométrique. — L'expérience montre que, dans une même journée, le baromètre subit des oscillations à peu près régulières. Ainsi vers 9 ou 10 heures du matin le baromètre atteint un maximum. Il baisse ensuite jusque vers 3 ou 4 heures du soir, pour remonter à un second maximum vers 9 ou 10 heures du soir et atteindre un minimum vers 3 ou 4 heures du matin.

Ces variations sont dues aux variations diurnes de température, lesquelles modifient la densité de l'air sec et la vapeur d'eau qu'il contient. L'air s'échauffe presque instantanément et se refroidit de même. La vapeur d'eau met plus de temps à obéir aux variations de température.

Si l'air existait seul, à l'état sec, c'est vers 4 h. du matin l'été (en France), 8 h. l'hiver, qu'il serait le plus froid, et à 3 h. de l'après-midi l'été, à 1 h. l'hiver, qu'il serait le plus chaud. A partir du lever du soleil, la terre, commençant à s'échauffer, échaufferait les couches d'air voisines, qui, se dilatant, comprimeraient les couches supérieures, au moins pendant un certain temps ; la pression déjà grande, puisque les couches d'air froid sont très denses, augmenterait donc tout d'abord : puis, l'échauffement se propageant de proche en proche, l'air se dilaterait, monterait et se déverserait vers les régions plus froides. La pression diminuerait donc. La nuit, par suite du refroidissement, un mouvement inverse aurait lieu ; le baromètre remonterait rapidement d'abord, puis plus lentement, et au lever du soleil il y aurait une hausse assez rapide. Finalement, si l'atmosphère se composait d'air sec, il devrait y avoir une marée diurne avec un seul maximum et un seul minimum.

La vapeur d'eau subit des effets analogues ; mais elle s'échauffe beaucoup plus lentement, tandis que l'air s'échauffe instantanément. Par suite, les variations de pression qui en résultent viennent se combiner d'une manière compliquée avec les variations de pression dues à l'air seul. C'est de cette combinaison que résulte la double marée barométrique que nous avons décrite au début de ce paragraphe, avec des maximums et des minimums échelonnés de 6 h. en 6 h. environ.

Ainsi supposons que la marée barométrique due uniquement à l'air soit représentée par la courbe $aa'a''$, et que celle due uniquement à la vapeur d'eau soit représentée par la courbe $vv'v''$, la courbe représentative de la

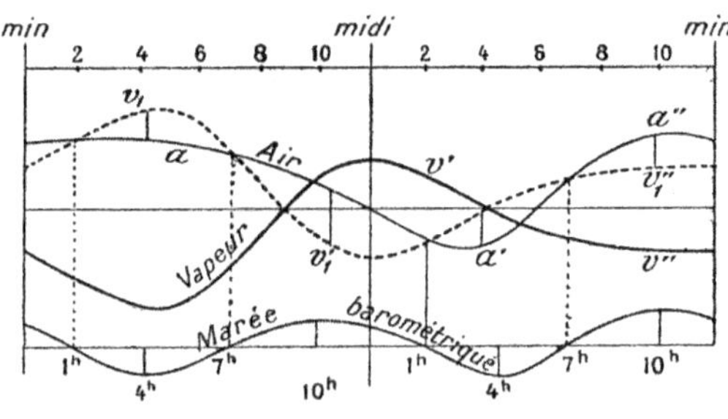

Fig. 31.

marée finale sera la somme algébrique des ordonnées des deux courbes. Nous mettrons cette somme en évidence en retournant la courbe $vv'v''$ en $v_1v_1'v_1''$. Les écarts de cette nouvelle courbe et de la courbe $aa'a''$ donnent les ordonnées de la courbe finale, les zéros correspondant aux points d'intersection, avec changement de signe à chaque croisement.

La hauteur de cette marée barométrique n'est que de 2 à 3 millimètres au plus dans la zone torride. *Son absence* indique souvent, plusieurs jours d'avance, un cyclone en mouvement. Dans nos régions, la marée barométrique fait fréquemment défaut, de nombreuses causes d'irrégularité venant la masquer. En tout cas, elle dépasse rarement 1^{mm} sur les côtes de France.

Sur la feuille du baromètre enregistreur la marée barométrique se constate par une double sinusoïde qui altère la courbe ascendante ou descendante générale du baromètre (fig. 32).

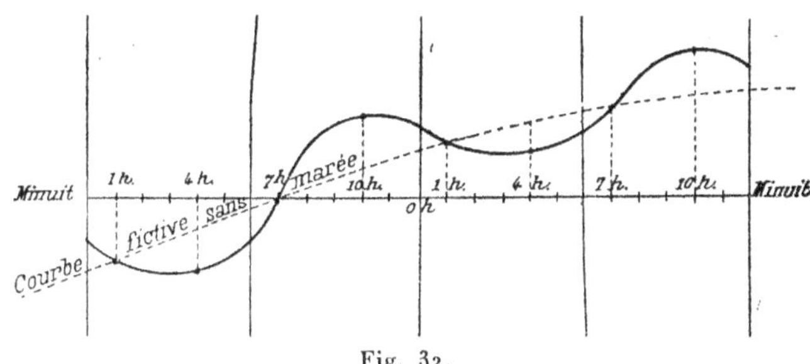

Fig. 32.

Variations du baromètre avec les latitudes. — La hauteur moyenne annuelle du baromètre dépendant de la température des régions considérées, il est clair que cette température fait varier la densité moyenne de l'air sec et de la vapeur d'eau dont la somme des actions constitue la pression constatée au baromètre.

L'expérience a donné pour ces valeurs moyennes du baromètre au niveau de la mer, selon les latitudes, les nombres ci-dessous :

LATITUDE	HAUTEUR
0°.	758 mm.
35°.	764 —
48°.	760 —
70°.	756 —
80°.	758 —

Influence du vent sur le baromètre. — Abstraction faite des météores aériens et des profondes perturbations atmosphériques, telles que les cyclones, tempêtes tournantes, etc., il est clair qu'un vent froid, amenant un air plus dense, doit faire monter le baromètre. En général les vents qui viennent du pôle élevé possèdent cette qualité. Donc, en général, on verra le baromètre monter, en

France, avec les vents de Nord et de N.-E., et baisser avec les vents de S.-O. Mais cette règle souffre de nombreuses exceptions dues à la configuration du sol des diverses régions. En réalité, on ne peut guère prédire le temps par une seule lecture du baromètre. Il faut suivre ses variations pendant plusieurs jours dans le lieu et, mieux encore, connaître la manière dont le baromètre se comporte sur l'ensemble des continents. Cette étude seule permet d'affirmer le temps probable à deux ou trois jours au plus à l'avance.

Influence des vents sur le thermomètre et l'hygromètre. — En général les vents qui viennent des régions polaires, où la tension de la vapeur d'eau est plus faible qu'ailleurs, sont froids et secs. Ils font donc, en général, baisser le thermomètre et font indiquer à l'hygromètre un faible chiffre, 0,25, par exemple. Mais il est clair que la configuration des terres peut modifier cette loi. Ainsi, alors que dans le Nord de la France les vents de Nord et d'Est sont secs et froids, le S.-O. chaud et humide, aux États-Unis, les vents d'Ouest sont secs, ceux de l'Est sont humides. Pareillement, dans le Midi de la France, les vents d'Est sont chauds et humides.

Lignes isobares. — On appelle ainsi le lieu géométri-

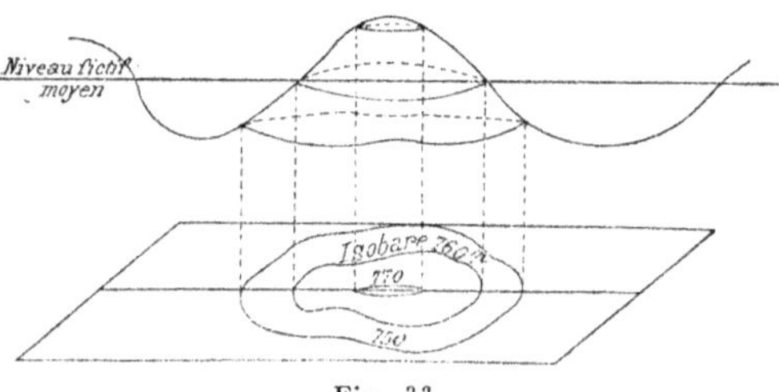

Fig. 33.

que des points du continent ou des océans qui ont au même moment la même pression barométrique.

Si on assimile l'atmosphère fictive de 8 000 mètres, dont nous avons parlé antérieure- ment, à un fluide dont le niveau supérieur peut présenter, par suite de perturbations dans l'équilibre, des creux, des vallées, des som- mets, et des montagnes, on pourra assimiler les lignes isobares aux courbes de niveau qui, sur les

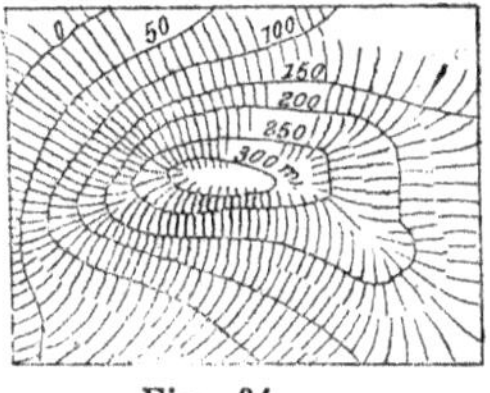

Fig. 34.

cartes de la guerre, indiquent l'élévation plus ou moins grande des terrains (fig. 34) (1).

Pour mieux comprendre les lignes isobares, imaginons

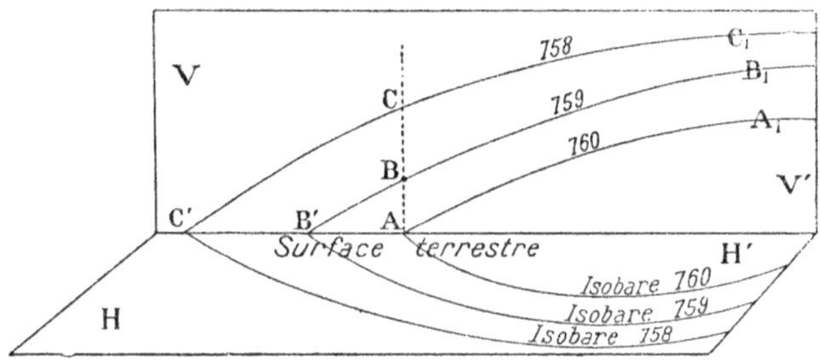

Fig. 35.

que l'on ait fait dans l'atmosphère une section verticale VV'.

Supposons qu'en A, à la surface terrestre, la pression barométrique soit 760^{mm}.

Si on s'élève de 11^{m} environ, en B, la pression ne sera plus que 759^{mm}; si on continue à monter, en C, on n'aura plus que 758^{mm} de pression, et ainsi de suite.

(1) Il doit demeurer bien entendu que cette assimilation n'est qu'une fiction destinée à faciliter le langage. Les colonnes d'air correspondant à un maximum de pression barométrique n'ont probablement pas plus de hauteur que les colonnes voisines, mais une plus grande densité, un plus grand poids, et produisent le même effet sur le baromètre que si, ayant même densité que les colonnes voisines, elles avaient plus de hauteur.

Il existe ainsi dans l'atmosphère une série de lieux, A, A$_1$, où la pression est 760^{mm}, une série de lieux B', B, B$_1$, où cette pression est 759^{mm}, une série de lieux C', C, C$_1$, où cette pression est 758^{mm} et ainsi de suite.

Les surfaces AA$_1$, B'B$_1$, C'C$_1$, etc., prennent le nom de *surfaces isobares*.

Les intersections de ces surfaces avec la surface terrestre, HA', produiront les lignes isobares, lieux géométriques des points de la surface terrestre où la pression barométrique est la même.

Gradient barométrique. — Si nous supposons notre atmosphère fictive limitée, à sa partie supérieure, par une surface ondulée, il est clair que l'équilibre cherchera à se rétablir, le fluide des sommets tendant à descendre dans les vallées pour reconstituer une surface limite horizontale. Plus la pente sera raide, plus la descente sera rapide. Cette pente entre deux points donnés peut se mesurer en prenant le rapport de la différence des niveaux à la distance qui sépare les deux points.

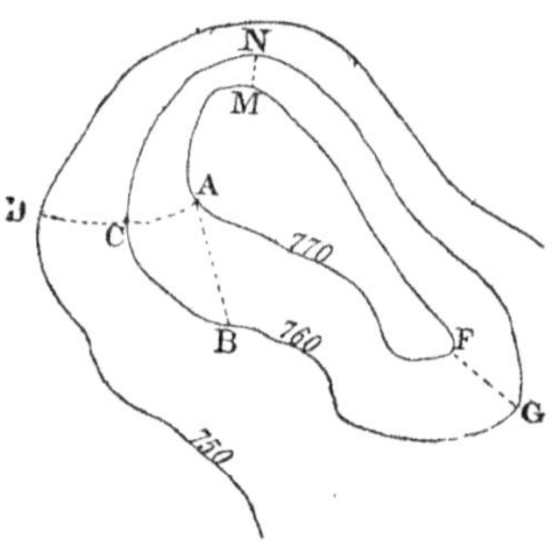

Fig. 36.

Bien que les différences de pression barométrique soient dues, non à des différences de hauteur des colonnes voisines, mais à des différences de densité, l'effet produit est le même, et les masses d'air tendent à se déplacer de la même façon.

On prend comme unité de différence des niveaux barométriques le millimètre et comme unité de distance le degré du grand cercle terrestre (60 milles). Ainsi, si entre A et B la distance est 300 milles ou 5°, la pente est de 10 millimètres pour 5° ou 2 millimètres au degré.

On appelle *gradient barométrique* entre deux isobares la pente évaluée *selon la ligne de plus grande pente*, c'est-à-dire suivant une ligne telle que AC, sensiblement normale aux deux isobares voisines.

Si AC $= 240$ milles, le gradient barométrique aura pour valeur $\dfrac{10^{mm}}{4} = 2^{mm},5$ au degré.

Le gradient barométrique n'est pas constant entre deux isobares. Il est maximum à l'endroit MN où les deux isobares sont très rapprochées (pente très raide), minimum à l'endroit FG où elles s'écartent le plus (pente très douce).

Le diagramme de la figure 36 représente un sommet aérien (sommet fictif bien entendu).

Dans le diagramme de la fig. 37, A représente un

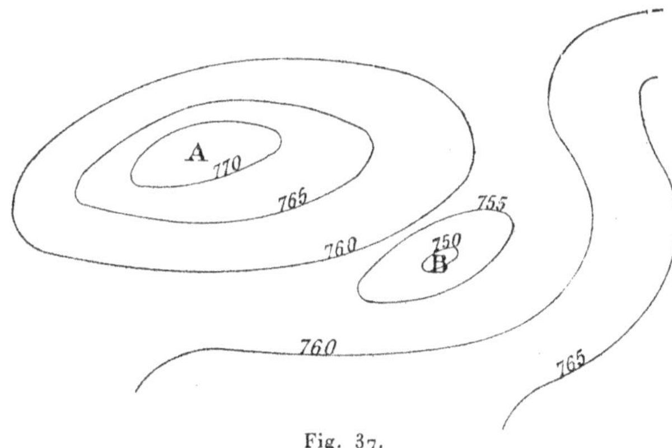

Fig. 37.

sommet, B un creux de la surface libre fictive de l'atmosphère.

L'expérience a montré que la force du vent est en rapport avec le gradient barométrique. Ainsi, en Europe,

Pour un gradient de 0,3 à 1,0 le vent est indiqué par 1 à 3) Échelle
— 1,0 à 2,7 — 3 à 7 } de
— 3 et plus — 7 à 9) Beaufort

Observations simultanées à bord des navires en campagne. — Afin de faciliter l'étude des lois générales de l'atmosphère un congrès de météorologistes, réunis à Vienne, décida, en 1873, que des observations seraient faites sur toute la surface du globe chaque jour à un même moment. Les navires de guerre français doivent, réglementairement, noter sur le journal météorologique les principaux renseignements exigés, à 6 h. du matin et 3 h. du soir, temps moyen de Washington, ce qui correspond à midi 18 et 8 h. 18 du soir, temps moyen de Paris. Les journaux ainsi tenus sont envoyés, pour être compulsés au bureau central météorologique de Paris, ou au service hydrographique de la marine. De ces renseignements, qu'on ne possède que plusieurs mois après qu'ils ont été recueillis, on ne peut tirer aucune prévision du temps ; mais ils sont précieux pour l'étude des vents généraux et des mouvements de l'atmosphère.

Les principaux renseignements qui doivent être consignés sur le journal météorologique sont : la direction du vent et sa force ou vitesse, la hauteur du baromètre, les hauteurs du thermomètre sec et du thermomètre mouillé, la hauteur du thermomètre plongeur, l'état du ciel et de la mer, etc.

Les nuages sont indiqués par les noms suivants : cirrus, stratus, cumulus, nimbus, et les combinaisons de ces noms deux à deux.

Les *cirrus* sont ces petits nuages blancs, qui présentent l'aspect de ouate cardée. Ils se forment à de grandes hauteurs, 5 000^m à 10 000^m et plus. A ces hauteurs, où règne un froid intense, la vapeur d'eau passe à l'état de congélation, de sorte que les cirrus sont formés d'aiguilles microscopiques de glace. Ce sont ces aiguilles de glace qui causent les halos et les parhélies.

Les *stratus* sont des couches de nuages horizontales, paraissant plates par la perspective. On les voit à l'horizon au lever ou au coucher du soleil. Ils sont d'aspect gris foncé et dense.

Les *cumulus* sont des nuages arrondis présentant l'aspect d'immenses balles de coton ; ils sont tantôt gris, tantôt blancs surtout dans les parties supérieures. Ils occupent une immense étendue apparente de la voûtecéleste.

Les *nimbus*, nuages de pluie, sont d'un gris plus uniforme, plus foncé que les cumulus. Souvent ils sont traversés de raies de pluie, visibles de loin avant que la pluie ne commence à tomber.

L'état du ciel, ou la nébulosité, est indiqué par des chiffres de zéro à 10, ces chiffres indiquant la portion du ciel voilé par les nuages. Ainsi 10 indique un ciel entièrement couvert, o un ciel libre de tout nuage.

Les indications ci-dessus peuvent varier. Elles sont évidemment conventionnelles.

Ainsi, c'est l'échelle de Beaufort (o à 12) qui est employée pour les journaux de bord et pour les journaux météorologiques ; l'échelle télégraphique (o à 9) est celle du bureau central météorologique pour les communications aux marins ; l'échelle terrestre (o à 6) sert pour les communications aux communes.

On trouvera ci-contre un tableau résumant l'ensemble des conventions adoptées pour représenter la force du vent selon le cas.

Tenue du journal météorologique. — Bien que la tenue d'un journal météorologique ne soit pas obligatoire sur les navires de commerce, on ne saurait trop engager les capitaines à se procurer avant de partir en campagne, un exemplaire du journal et à le faire tenir soigneusement par les officiers du bord. Les renseignements fournis par ces journaux sont extrêmement précieux pour l'étude de la physique du globe ; des récompenses sont décernées, chaque année, aux capitaines qui ont envoyé des journaux météorologiques bien complets.

Vallerry. 4

ÉCHELLE TERRESTRE	ÉCHELLE de BEAUFORT	ÉCHELLE TÉLÉGRAPHIQUE	VENT	ABRÉVIATION	VOILURE	VITESSE EN MÈTRES PAR SECONDE
						mètres.
o. Calme.	o	1	Calme.	C		o à 1
1. Faible.	1	2	Presque calme.	PC		1 à 2
	2	3	Légère brise.	LB	Toutes voiles.	2 à 4
2. Modéré.	3	4	Petite brise.	PB		4 à 6
	4	5	Jolie brise.	JB		6 à 8
3. Assez fort. . . .	5	6	Bonne brise.	BB		8 à 10
	6	7	Forte brise.	FB	1 Ris aux huniers.	10 à 12
4. Fort.	7	8	Vent frais.	VF		12 à 14
	8	9	Grand frais.	VGF	2 Ris aux huniers.	14 à 16
	9	9	Coup de vent.	CDV	3 Ris aux huniers. Ris aux B. V.	16 à 20
5. Violent.	10	9	Tempête.	T	En cape.	20 à 25
	11	9	Ouragan.	O	En cape.	25 à 30
6. Ouragan. . . .	12	9	Ouragan à sec de toile.	O	Cape sèche ou fuite.	30 et au delà.

Rappelons qu'on trouve ces journaux soit chez les représentants du bureau central météorologique, dans les ports de Dunkerque, Le Havre, Bordeaux et Marseille, soit au bureau central météorologique, à Paris, 176, rue de l'Université.

Il existe 4 modèles de journaux du même format, mais ne différant que par le nombre de pages, selon la longueur probable de la traversée.

En tête de chacun d'eux, on trouve les renseignements les plus détaillés sur leur usage. Plus loin sont les pages à remplir, toutes semblables les unes aux autres.

Nous donnons ci-dessous la reproduction intégrale de l'avis placé en tête des journaux, relatif à la comparaison des instruments à faire avant le départ, et les instructions concernant la tenue du journal ainsi qu'un modèle des colonnes contenues dans les pages de droite et de gauche du corps du journal.

Comparaison des instruments. — La comparaison des instruments employés (baromètres et thermomètres) avec des instruments étalons est indispensable pour pouvoir utiliser les observations. Elle sera faite *au départ et à l'arrivée* du navire par le représentant du Bureau Central Météorologique. Dans les ports où le Bureau Central n'a pas de représentant, les capitaines pourront demander le concours de M. l'Ingénieur en chef des ponts et chaussées chargé du service du port. Enfin, dans le cas où toute comparaison présentant des garanties suffisantes serait impossible, nous recommandons de faire deux ou trois observations barométriques dans une journée en indiquant les heures de ces observations. Les cartes quotidiennes du « Bulletin international » permettront, avec ces données, d'établir approximativement la correction de l'instrument.

Après un accord intervenu entre le Bureau Central Météorologique de France et le Service hydrographique de la Marine, un modèle uniforme a été adopté pour le cahier de dépouillement des journaux de bord de la marine marchande.

Ce cahier est destiné à recevoir toutes les observations intéressant la Météorologie et la Navigation faites pendant la traversée, soit en cours de route, soit aux points de relâche (1).

Les observations météorologiques seront faites généralement après chaque « quart ». Elles pourront aussi être faites à des heures quelconques ; mais, dans tous les cas, l'heure sera soigneusement indiquée.

Nous recommandons au zèle des capitaines une observation qui serait faite chaque jour à une heure variable suivant la longitude et correspondant à midi moyen du méridien de Paris. Un tableau placé à la suite de ces instructions donne, pour les différentes longitudes, de 5° en 5°, l'heure du bord à laquelle doit être faite cette observation.

Les instruments employés pour les observations devront être comparés, au départ et à l'arrivée, avec les étalons du représentant du Bureau Central Météorologique dans le port d'attache du navire. Les résultats de cette comparaison seront inscrits dans les tableaux préparés à cet effet et placés à la deuxième page du cahier.

Les tableaux à remplir comportent les indications suivantes :

Page de gauche les 13 premières colonnes. Page de droite les 7 dernières colonnes dont le détail suit :

Colonne 1. — *Date.*

Colonnes 2 et 3. — *Heure* de l'observation.

On inscrira régulièrement dans la colonne 2 *l'heure du bord* et *facultativement,* dans la colonne 3, *l'heure de Paris.*

Colonnes 4, 5, 6 et 7. — *Latitude* et *longitude* observées et estimées.

Colonne 8. — *Variation* employée.

Baromètre. — En raison de l'importance qui s'attache aux observations barométriques, nous recommandons aux observateurs de se conformer scrupuleusement aux indications suivantes :

(1) Il est recommandé aux capitaines de ne pas négliger les observations météorologiques faites aux points de relâche et pendant la durée d'un séjour même prolongé. Elles fournissent un contrôle précieux de la marche des instruments à bord si le lieu du séjour possède un observatoire ; dans le cas contraire, elles présentent le même intérêt que les observations faites en cours de route.

COLONNES 9 ET 10. — *Baromètre à mercure.*

On inscrira dans la colonne 9 la hauteur du mercure telle qu'elle a été lue et sans aucune correction, puis, dans la colonne 10, la température marquée par le thermomètre attaché au baromètre. *Cette indication de la température de l'instrument au moment de la lecture est indispensable ; son omission enlèverait toute valeur aux observations.*

COLONNE 11. — *Baromètre anéroide.*

Avant de procéder à la lecture, on aura soin de *frapper quelques coups légers sur l'instrument* pour s'assurer que l'aiguille est bien libre ; on inscrira dans la colonne 11 la pression barométrique observée sur le cadran, *sans indication de température.*

Un grand nombre de bâtiments possèdent à la fois un baromètre à mercure et un anéroïde. Il serait évidemment désirable que toutes les observations fussent faites avec le baromètre à mercure, mais le soin particulier que nécessitent les lectures de cet instrument lui feront souvent préférer l'anéroïde. Dans ce cas, nous demandons instamment aux observateurs *de faire, une fois par jour, ou au moins une fois tous les deux jours, une observation simultanée de l'anéroïde et du baromètre à mercure.* Les nombres observés seront inscrits dans les colonnes correspondantes. Cette précaution est indispensable pour déterminer avec une exactitude suffisante la correction, variable avec le temps, de l'anéroïde employé.

Si le bâtiment possède un *baromètre enregistreur,* il faut, pour un motif analogue, indiquer sur chaque feuille les hauteurs observées sur le baromètre à mercure (avec la température de cet instrument) au moment où la feuille est mise en place et au moment où elle est enlevée.

Thermomètres. — La détermination précise des températures exige un soin minutieux dans l'installation des thermomètres. Il faut avant tout qu'ils soient *exposés à l'air libre* ; il est donc tout à fait inutile de noter les indications de ces instruments s'ils sont placés dans la chambre de veille comme cela arrive quelquefois.

Ils doivent en outre être à l'ombre et protégés autant que possible contre la réverbération des objets voisins, sans que l'air cesse de circuler librement autour d'eux.

Ces conditions ne sauraient être convenablement remplies que par l'emploi d'un abri à persienne ; mais, à son défaut, on obtiendra des résultats d'une exactitude suffisante en veillant à ce que les instruments soient bien abrités des rayons du soleil.

Colonnes 12 et 13. — *Thermomètre sec* et *thermomètre mouillé*.

On entend par thermomètre mouillé un thermomètre ordinaire dont le réservoir est entouré d'un manchon de mousseline constamment imbibé d'eau. L'ensemble d'un thermomètre sec et d'un thermomètre mouillé constitue l'instrument appelé *psychromètre* et permet de déterminer à la fois la température et le degré d'humidité de l'air.

Peu de bâtiments sont munis de psychromètres ; on n'aura donc, en général, à remplir que la colonne 12 avec les indications d'un thermomètre ordinaire convenablement exposé.

On pourra aisément se rendre compte de l'exactitude des températures observées sur ce thermomètre par l'emploi du *thermomètre fronde*. C'est un thermomètre ordinaire, de petites dimensions, dont la tige est terminée par un anneau auquel on attache une ficelle. On fait tourner l'instrument en fronde pendant une minute environ en se mettant à l'ombre et faisant face au vent autant que possible. Mis ainsi, pour ainsi dire, en contact intime avec l'air, le thermomètre en donne exactement la température.

On comparera l'indication de cet instrument avec celle qui est fournie au même moment par le thermomètre ordinaire et on notera la différence.

Les *thermomètres enregistreurs* doivent être installés dans les mêmes conditions et avec les mêmes soins que les thermomètres ordinaires. Pour avoir la correction de l'instrument, on indiquera sur chaque feuille les températures observées au thermomètre fronde au moment où la feuille est mise en place, au moment où elle est enlevée, et, s'il est possible, deux ou trois fois dans le cours de la semaine.

Colonne 14. — *Température de la mer.*

La détermination de la température de l'eau de mer, au moins deux fois par jour, est particulièrement recommandée.

Cette opération doit se faire en plongeant un thermomètre dans l'eau qu'on vient de puiser. L'eau devra, surtout à bord des vapeurs, être prise à l'avant du navire. *On aura soin d'agiter durant quelques instants le thermomètre dans l'eau et de tenir le réservoir immergé pendant la lecture.*

Colonnes 15 et 16. — *Direction et force du vent.*

L'observateur inscrira la direction du vent au moyen des

abréviations ordinaires : N, N 1/4 NO, NNO, NO, NO 1/4 N, etc… ; la force du vent sera exprimée en nombres, de 0 à 12, à l'aide des conventions suivantes :

0	Calme.	7	Grand frais.
1	Presque calme.	8	Petit coup de vent.
2	Légère brise.	9	Coup de vent.
3	Petite brise.	10	Fort coup de vent.
4	Jolie brise.	11	Tempête.
5	Bonne brise.	12	Ouragan.
6	Bon frais.		

Nous recommandons aux observateurs de donner, autant que possible, non la direction *apparente* relevée au compas ou la force *apparente* du vent, mais la direction *vraie* et la force *vraie*.

A bord d'un bâtiment à voiles, il est toujours facile de connaître avec une approximation suffisante la direction et la force *vraies* du vent ; il en est de même à bord d'un bâtiment qui marche voile et vapeur avec des voiles carrées. Le problème ne présente réellement de difficultés que lorsque le navire marche à la vapeur seule. Mais, même dans ce cas, des marins expérimentés pourront, en tenant compte de la vitesse du navire et d'après certains indices, tels que les embruns des lames et la marche des nuages inférieurs, juger, sur le moment même, la *direction et la force vraies du vent*.

Dans tous les cas, il est expressément recommandé *d'indiquer par les initiales A ou V, placées en tête des colonnes 15 et 16, si la direction et la force indiquées sont apparentes ou vraies.*

COLONNE 17. — *État de la mer.*

On notera l'état de la mer au moyen des expressions ordinaires : calme, houleuse, belle, grosse, courte, longue, dure, etc. — On indiquera aussi, autant que possible, la direction d'où vient la houle.

COLONNE 18. — *État du ciel.*

L'état du ciel ou la nébulosité sera noté par des chiffres, de 0 à 10, ces chiffres indiquant l'étendue de la portion du ciel voilée par les nuages ; par exemple, 10 signifie que le ciel est entièrement couvert, 8 que les 8/10 du ciel paraissent couverts, 0 que le ciel est entièrement libre de nuages.

On réservera pour la colonne 20 l'indication des particularités relatives à la forme des nuages, à leur aspect, etc.

DATES	HEURES		LATITUDE		LONGITUDE		VARIATION	BAROMÈTRES			THERMOMÈTRES A L'AIR LIBRE		TEMPÉRATURE DE LA MER	VENT		ÉTAT de LA MER	ÉTAT DU CIEL	NAVIGATION (VOILE OU VAPEUR)	NOTES SUR LES PHÉNOMÈNES CONSTATÉS EN DEHORS DES OBSERVATIONS : pluie, orage, forme des nuages, phénomènes lumineux, etc.
	du BORD	de PARIS	OBSERVÉE	ESTIMÉE	OBSERVÉE	ESTIMÉE		A MERCURE			Sec.	Mouillé.		DIRECTION	FORCE				
								Hauteur	Therm. attaché.	ANÉROIDE									
1	2	3	4	5	6	7	8	9	10	11	12	13	14	15	16	17	18	19	20

Colonne 19. — *Navigation à la voile ou à la vapeur.*

On indiquera dans cette colonne si, au moment de l'observation, le navire marche à la voile seule, ou voile et vapeur, ou à la vapeur seulement, et, en cas de voilure, quelle est cette voilure.

Colonne 20. — *Notes sur les phénomènes qui ont eu lieu en dehors des observations* ou pendant les observations, mais qui n'ont pas trouvé place dans les colonnes précédentes.

Tels sont : la pluie, la neige, la grêle, tous les phénomènes orageux, l'aspect et la forme des nuages, la rencontre de glaces flottantes, les phénomènes lumineux, arc-en-ciel, halos, aurores boréales.

———

On a laissé à la fin du cahier un certain nombre de feuilles blanches intitulées « *Remarques* ». Elles sont destinées à recevoir, d'une part, les observations qui intéressent plus particulièrement la Navigation et l'Hydrographie ; de l'autre, les descriptions de phénomènes météorologiques accidentels trop étendues pour trouver place dans les tableaux.

Les capitaines pourront donner là un rapport succinct de leur traversée. Ils y relateront toutes les particularités qu'ils croiront de nature à intéresser la Navigation et l'Hydrographie et feront connaître les erreurs et omissions qu'ils auront pu constater dans les cartes et les livres d'instructions qu'ils ont employés.

Note sur les appareils enregistreurs. — Les baromètres et thermomètres enregistreurs doivent être attachés, par la poignée qui est sur le couvercle, à une suspension à la Cardan. La liaison sera faite avantageusement par des rubans de caoutchouc.

A défaut d'une suspension à la Cardan, on peut soutenir l'instrument par deux lames de caoutchouc croisées en X sous la poignée.

La plume doit toucher *légèrement* le papier de façon à pouvoir glisser à peu près sans frottement sur sa surface. On s'assurera qu'il en est ainsi en donnant un choc un peu fort à l'instrument, la plume doit alors se déplacer librement dans la verticale et revenir exactement ensuite au point de départ.

Toutes les semaines, le lundi matin, par exemple, vers 10 heures, on changera le papier après avoir écarté l'aiguille ; on mettra une goutte d'encre à la pointe de la plume et l'on remontera le mouvement d'horlogerie.

Il est important de noter sur chaque feuille, au commencement et à la fin de l'enregistrement, les indications des instruments à lecture directe. On évitera soigneusement de modifier le réglage dans l'intervalle.

Les feuilles des instruments enregistreurs seront adressées avec le journal au Bureau Central Météorologique ou au Service hydrographique de la Marine ; sur la demande des observateurs elles leur seront retournées après le dépouillement.

Prévision rationnelle du temps.

Organisation des services du bureau central météorologique. — Chaque matin, entre 7 heures et 10 heures, on reçoit à Paris les dépêches de 140 stations météorologiques dont 45 en France, et les autres réparties en Algérie, en Islande, aux Féroë, aux Açores, en Angleterre, au Portugal jusqu'à Madère, en Espagne, en Suède et Norvège, en Allemagne, aux Pays-Bas, en Autriche, en Suisse, en Italie, en Russie, jusqu'à Arkangel et Odessa, en Grèce et en Turquie.

Ces dépêches donnent, pour chaque station : 1° les observations faites le matin même, entre 7 heures et 9 heures du matin (baromètre, thermomètre, hygromètre, force et direction du vent, état du ciel et de la mer, minimum et maximum de température et quantité de pluie dans les 24 heures qui précèdent) ; 2° pour la veille au soir, le baromètre, le thermomètre, la direction et la force du vent et l'état du ciel.

Ces *dépêches* sont transcrites au fur à mesure de leur arrivée et les nombres qu'elles font connaître sont pointés sur des cartes qui représentent la répartition sur l'Europe des éléments météorologiques le matin même et la veille au soir. On construit en même temps les cartes représentant, en chaque point, les différences de température et de pression dans les vingt-quatre heures.

C'est en comparant ces cartes à celles du jour précédent qu'on peut prévoir le temps pour les vingt-quatre heures qui vont suivre et même pour un temps un peu plus long. *C'est alors que sont envoyées, tous les jours,* AVANT MIDI, *les dépêches annonçant le temps probable.*

Ces dépêches sont de deux espèces :

Les dépêches agricoles, les dépêches maritimes.

1° *Les dépêches agricoles.* — Nous ne dirons que peu de chose de celles-ci. Bornons-nous à signaler la difficulté de ce travail, étant données les conditions climatologiques spéciales à chaque région. La France a été divisée en huit régions dans chacune desquelles ces conditions semblent analogues, et chaque région reçoit une dépêche spéciale, accompagnée d'un résumé de la situation générale de l'atmosphère le matin même.

2° *Les dépêches maritimes.* — Les dépêches maritimes adressées à tous les ports et aux sémaphores, indiquent la direction et la force *probables* du vent et l'état de la mer, *séparément* pour les côtes de la Manche, de la Bretagne, de l'Océan, de la Méditerranée, de l'Algérie. Si une tempête est prévue, ordre est donné aux sémaphores de hisser des signaux spéciaux visibles du large ; ces signaux se composent d'un cône ou de deux cônes en forte toile noire, ayant chacun un mètre de diamètre et un mètre de hauteur. De loin, ces signaux présentent l'aspect de triangles.

Un cône, pointe en haut, indique la probabilité d'un coup de vent de direction comprise entre le Nord et l'Ouest.

Deux cônes, pointes en haut, indiquent la probabilité d'un coup de vent de direction comprise entre le Nord et l'Est.

Un cône, pointe en bas, indique la probabilité d'un coup de vent de direction comprise entre le Sud et l'Ouest.

Deux cônes, pointes en bas, indiquent la probabilité d'un coup de vent de direction comprise entre le Sud et l'Est.

Deux cônes à bases opposées indiquent la probabilité d'un ouragan.

A partir du 15 janvier 1911 ces signaux ont été rendus réglementaires par une convention internationale.

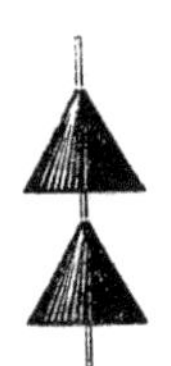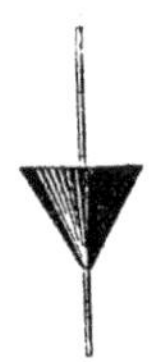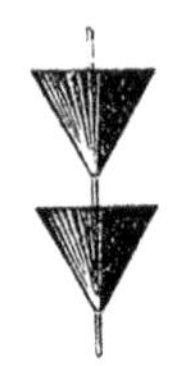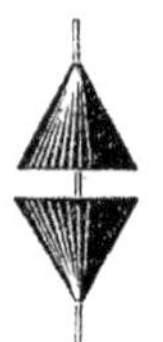

Coup de vent probable entre le Nord et l'Ouest.	Coup de vent probable entre le Nord et l'Est.	Coup de vent probable entre le Sud et l'Ouest.	Coup de vent probable entre le Sud et l'Est.	Probabilité d'un ouragan.

Fig. 38.

On doit bien comprendre que ces signaux ne sont pas faits pour indiquer un coup de vent régnant, mais

qu'ils ont pour but de prévenir le marin qu'un coup de vent est à craindre. Les prévisions exactes se montent à 90 pour 100.

Prévisions du temps à l'étranger. — Des services analogues existent dans la plupart des états d'Europe. Ceux qui fonctionnent aux États-Unis, aux Indes, au Japon, sont particulièrement remarquables.

Aux États-Unis le territoire a été divisé en 26 régions et chacune d'elles a son bureau spécial. Les avertissements fournis par ces services rendent les plus grands services au moment de la culture du tabac, du coton, etc.

Bulletin international du Bureau central météorologique de France. — En plus des dépêches qui sont envoyées, comme nous l'avons dit, *avant midi*, aux principaux ports de France, de Corse et d'Algérie, le bureau central météorologique publie chaque jour un *bulletin,* sorte de journal, contenant : les principaux renseignements reçus au bureau central, les cartes qui en ont été déduites, et la copie des avis transmis aux ports.

Le journal est composé de 4 pages (format 28-22). La *première* contient : un tableau donnant, en regard des stations de France (38), d'Algérie (9) et des stations élevées de France (7), la pression barométrique du matin et sa variation diurne, la température du matin et sa variation diurne, la force du vent en chiffres de o à 9, l'état du ciel et de la mer ; puis la hauteur de la pluie ou de la neige dans les 24 heures précédentes, le maximum et le minimum thermométrique ; à droite de la première page, la pression, la température, la direction et force du vent et l'état du ciel la veille au soir.

Enfin, en bas de cette page, on voit un tableau donnant, de trois en trois heures, les observations météorologiques faites au parc Saint-Maur à Paris.

La *seconde page du bulletin* contient, en haut, une carte de l'Europe sur laquelle sont marquées les *isobares* à 7 heures du matin, des flèches indiquent la force du vent, le *petit rond* qui remplace la pointe de la flèche, indique par sa forme l'état du ciel, le nombre des *barbes* de la flèche indique la force du vent.

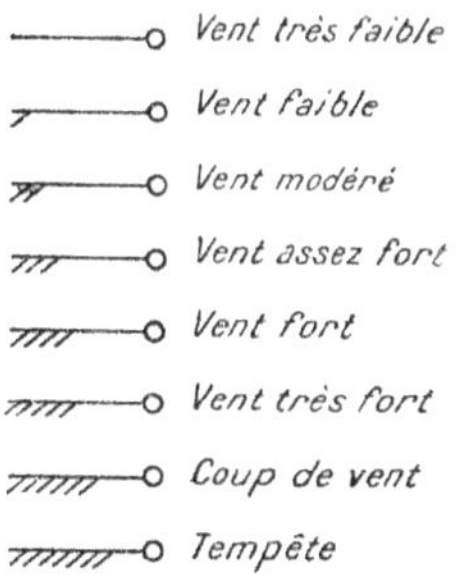

Vent très faible
Vent faible
Vent modéré
Vent assez fort
Vent fort
Vent très fort
Coup de vent
Tempête

Fig. 39.

Des courbes pointillées indiquent les lieux d'égale *variation de pression* depuis la veille (chiffres romains).

En bas de cette carte, on trouve un aperçu sur la situation générale du temps, et sur les probabilités sous le rapport des vents, de la température ou de la pluie ; tout en bas, le résumé des avis de probabilité du temps expédiés à 10 heures du matin aux ports de France et d'Algérie.

Afin de permettre de comparer les isobares du jour à celles de la veille, on trouve dans le haut de la *troisième page*, deux petites cartes d'Europe. Sur celle de gauche sont tracées les isobares de la *veille*, à 6 heures du soir, avec la direction, la force du vent et l'état du ciel.

La carte de droite indique pour le *jour même*, à 7 heures du matin, les courbes d'égale température et la pluie tombée dans les 24 heures (en millimètres).

Le bas de la page 3, et la page 4, donnent la suite des tableaux de la page 1, c'est-à-dire la copie des observations, reçues, par dépêche, au bureau central, en provenance des observatoires météorologiques étrangers.

Enfin au bas de cette page, on trouve des dépêches de Terre-Neuve, du Canada, des États-Unis et de Suez, ainsi que le détail des observations faites au sommet de la tour Eiffel, et au Bureau météorologique.

On trouvera comme modèle, en fin de ce volume, un exemplaire officiel du *Bulletin international du bureau central météorologique*, que M. Angot, directeur du bureau, a bien voulu nous autoriser à publier.

Nous avons choisi, comme modèle, une journée où un centre de dépression remarquable est formé sur le N.-O. de l'Europe. Comparez ce tableau (page 2), au tableau de la veille au soir, page 3 du bulletin.

On n'oubliera pas de remarquer que le bulletin, terminé vers midi, n'est fini d'imprimer que vers 4 heures du soir et que, par conséquent, on ne peut le recevoir que le lendemain matin dans les ports.

Nous avons reproduit plus haut les figures donnant la règle conventionnelle adoptée pour représenter la force du vent et les signaux indiquant les coups de vent.

La figure 40 reproduit les signes conventionnels pour indiquer la quantité de pluie tombée, l'état du ciel et celui de la mer.

Rappelons encore que le signal, indiquant un coup de vent ou une tempête, prévient les marins qu'un coup de vent est à craindre, qu'il n'est pas certain qu'il aura lieu ; mais on peut évaluer à 90 pour 100 les chances de voir la prévision se réaliser. Le capitaine est donc averti, avant de quitter le port, d'avoir à se tenir sur ses gardes.

Ce n'est que de la comparaison des cartes successives, de leur examen attentif, de leur délicate analyse, exigeant une expérience qu'on ne saurait demander qu'à

SIGNES CONVENTIONNELS DU BUREAU CENTRAL MÉTÉOROLOGIQUE

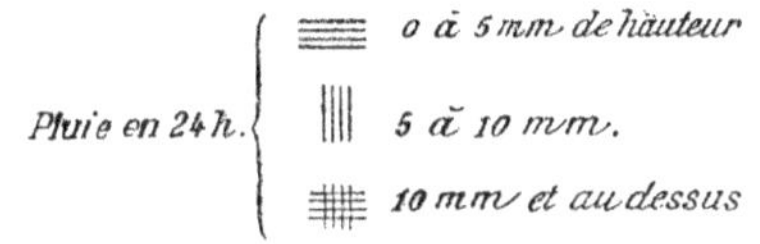

ÉTAT DU CIEL ET DE LA MER

Fig. 40.

des personnes compétentes en la matière, que les prévisions du temps peuvent être établies sérieusement. Ce sont ces résultats qui sont envoyés, aux ports, par *dépêche*, chaque matin, par le service du Bureau central météorologique.

CHAPITRE III

Les vents.

ARTICLE I. — PRINCIPES GÉNÉRAUX

Cause générale des vents. — Quand une région quelconque A s'échauffe fortement sous l'action solaire, l'air se dilate, et les couches de niveau, qui, dans l'état d'équilibre, seraient parallèles à la surface des océans, se modifient. Il y a tuméfaction en B et tendance à l'écoulement

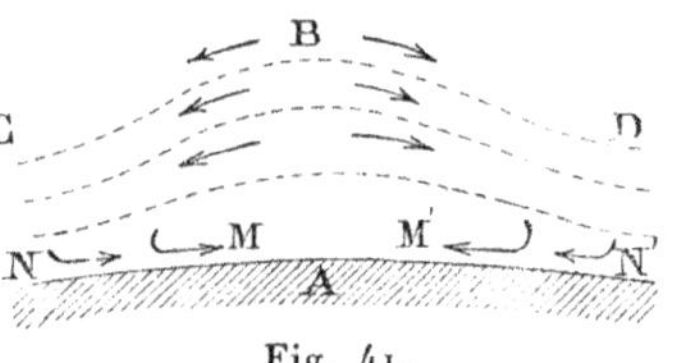

Fig. 41.

du fluide aérien à la partie supérieure. Les parties échauffées chercheront donc à descendre vers les parties plus froides C et D et en même temps, il y aura un courant inférieur de surface qui fera affluer l'air des parties froides vers les parties échauffées pour combler le vide qui tend incessamment à se produire au point A.

En même temps l'échauffement produit en A aura pour effet, si en A se trouve une masse d'eau, de provoquer son évaporation. La vapeur à l'état gazeux formera à la partie haute de l'atmosphère, qui est plus froide, des nuages épais ; il y aura même peut-être des pluies abondantes provenant de la condensation d'une partie de ces vapeurs. Le reste de ces vapeurs sera entraîné et se déversera vers les points C et D.

Il est clair que, si en A il existait un centre de froid, le phénomène inverse se produirait ; l'air, s'écartant du point A à la surface terrestre, convergerait en B dans les régions supérieures.

Les observations que nous avons faites au chapitre ii, montrent d'ailleurs encore que des colonnes d'air voisines A, B inégalement échauffées, ou inégalement chargées de vapeur d'eau ne peuvent demeurer en équilibre.

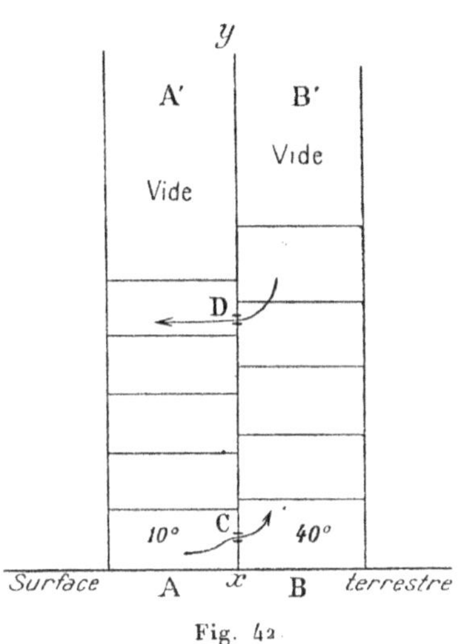

Fig. 42.

Considérons en effet deux colonnes d'air voisines, d'abord à une même température, et ayant la même hauteur. Supposons-les séparées, pour l'instant, par la cloison xy. En A et B la pression est la même ; elle est la même à tous les niveaux. Chauffons la colonne B'. La pression en B est encore la même qu'en A. Mais dans les régions supérieures, la colonne B s'étant, par suite de l'échauffement, élevée plus haut que la colonne A, en un point D, la pression exercée par les couches de droite supérieures à D, l'emporte sur la pression exercée par les couches de gauche. Si on perce la cloison en D, l'air de droite va tendre à se déverser à gauche, et alors, dans les environs de A, la pression deviendra plus forte qu'en B. Si on perce une ouverture en C, il y aura donc courant de A vers B. Ainsi s'explique le mouvement des masses de l'atmosphère, des régions froides vers les régions chaudes à la surface du sol, des régions chaudes aux régions froides dans les parties supérieures de l'atmosphère, et cet état circulatoire tendra à devenir permanent si les températures en A et B demeurent inégales pour une raison quelconque.

Déviation du vent par la rotation de la terre. — Si la terre ne tournait pas, l'air tendrait à suivre la pente des isobares.

Par des considérations de mécanique rationnelle, on démontre que, par suite de la rotation de la terre, tout corps, qui se déplace à sa surface, est dévié sur la droite de son mouvement dans l'hémisphère Nord, sur la gauche dans l'hémisphère Sud. Cette déviation normale à la direction du mouvement du corps ne modifie pas sa vitesse. Si on appelle K un coefficient de frottement, dépendant de la nature de la surface sur laquelle l'air se déplace, L la latitude, ω la vitesse angulaire de rotation de la terre, $0^m,000073$, α l'angle de déviation, par rapport à la direction du gradient, de la molécule considérée, on aura :

$$\operatorname{tg} \alpha = \frac{2\omega \sin L}{K}.$$

L'expérience, d'accord avec la théorie, donne, pour α, les valeurs moyennes suivantes, pendant les tempêtes :

$$
\begin{aligned}
&\text{L de 10 à 30}^\circ &&\alpha = 50 \text{ à } 60^\circ \\
&\text{L de 30 à 45}^\circ &&\alpha = 70^\circ \\
&\text{L de 45 à 60}^\circ &&\alpha = 80^\circ,
\end{aligned}
$$

ce qui montre que le vent se rapproche plus de la direction des isobares que de celle des gradients.

Ceci étant posé, si la terre ne tournait pas, une molécule d'air, M, se mettrait en mouvement dans le sens MK du gradient, c'est-à-dire, normalement aux isobares, sous l'action d'une force que nous représenterons par le secteur MG. Si nous nous supposons dans l'hémisphère Nord, la molécule M sera déviée vers la droite et prendra

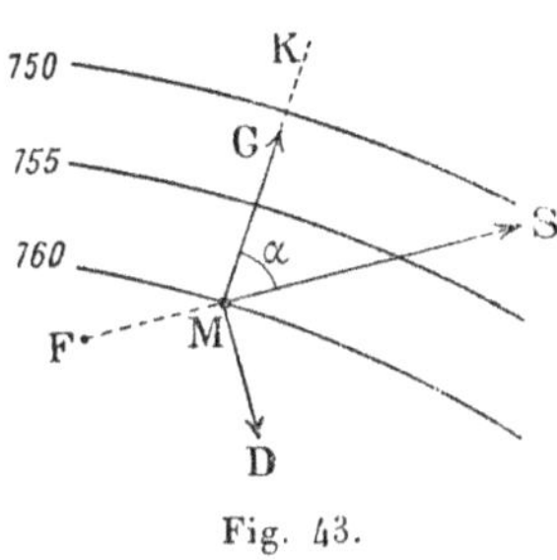

Fig. 43.

une direction MS, par suite de la rotation de la terre, comme si elle était soumise à une force, MD, normale à la direction MS de son mouvement dévié. Son mouvement deviendra uniforme, au moment où l'équilibre aura lieu entre la force MG, la force déviante MD et la force de frottement MF, dirigée en sens contraire du mouvement MS, toutes ces forces variant à partir du moment où la molécule commence à se déplacer.

Mouvement anticyclonique. — Considérons un point A de l'hémisphère Nord, ou un point B de l'hémisphère Sud, ces points A et B représentant des centres de haute pression. L'air tend à s'écarter de A et de B en suivant la direction des gradients barométriques. Mais nous avons dit que, par suite de la rotation de la terre, les molécules sont déviées sur la droite, dans l'hémisphère Nord, sur la gauche dans l'hémisphère Sud. Il en résulte que l'ensemble des masses d'air entourant les points A et B prendront un mouvement tourbillonnaire divergent. Le sens général de la rotation sera celui des aiguilles d'une montre dans l'hémisphère Nord, le sens opposé dans l'hémisphère Sud.

Comme autour des centres de haute pression les isobares sont généralement éloignés les uns des autres (faible gradient), ce mouvement tourbillonnaire sera d'allure modérée.

On désigne cet état de l'atmosphère par le nom d'Anticyclone (fig. 44).

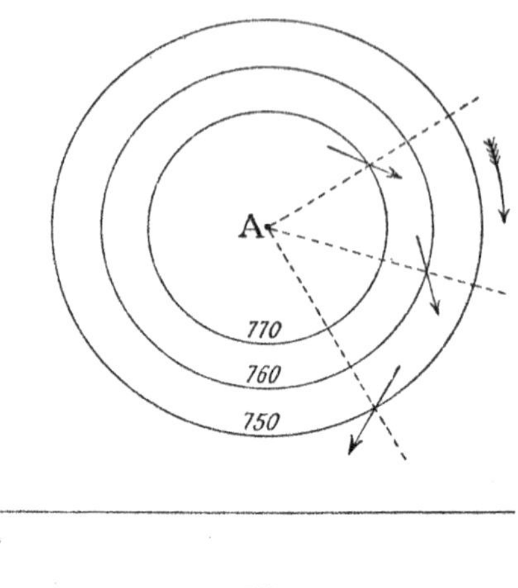

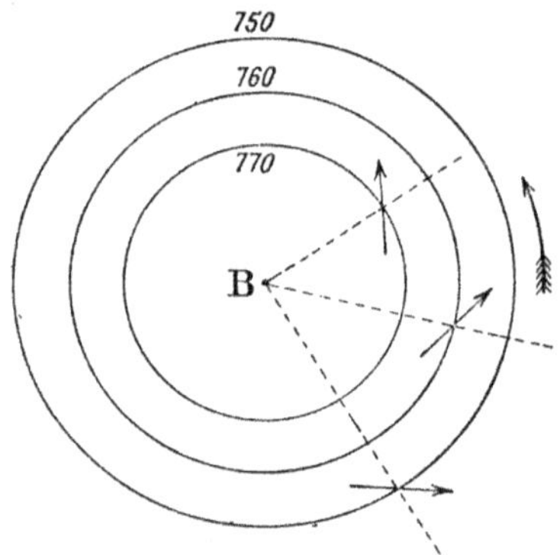

Fig. 44.

Mouvement cyclonique. — Considérons maintenant des centres C et D de basse pression. L'air tend à affluer vers ces centres en suivant le gradient barométrique. Mais, par suite de la rotation de la terre, les molécules se trouvent déviées sur la droite dans l'hémisphère Nord, sur la gauche dans l'hémisphère Sud. Il en résulte un mouvement tourbillonnaire convergent. Le sens de ce mouvement sera à l'opposé des aiguilles d'une montre dans l'hémisphère Nord, le sens même de ces aiguilles dans l'hémisphère Sud. Ce mouvement sera en général très violent, les isobares étant plus serrés autour des centres de basse pression qu'autour des centres de haute pression.

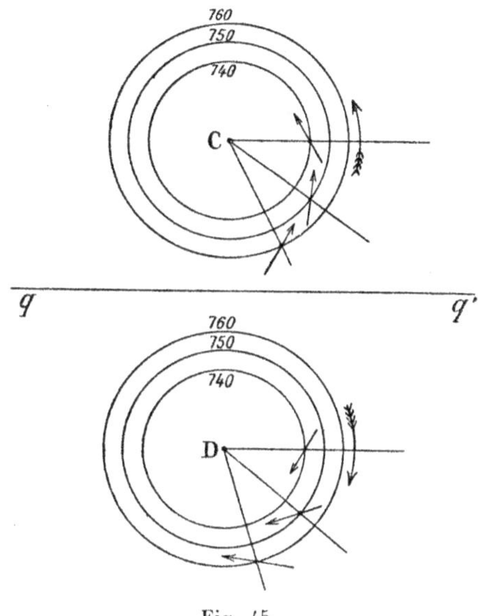

Fig. 45.

Cet état spécial de l'atmosphère prend le nom de Cyclone (fig. 45).

Règle de Piddington. — *Pendant un cyclone,* si on fait face au vent, on a le centre à main droite dans l'hémisphère Nord, à main gauche dans l'hémisphère Sud

En réalité le centre est de 20 à 30° sur l'arrière de la main.

Règle de Buys-Ballot. — Si, *en général,* on fait face au vent, on a les hautes pressions à sa droite, les basses à sa gauche dans l'hémisphère Nord. C'est le contraire dans l'hémisphère Sud. On peut remarquer que le centre des basses pressions est un peu en arrière de la main, le centre des hautes pressions un peu sur l'avant de la main.

Comme on le voit, cette règle est au fond celle de Piddigton généralisée.

Dans son énoncé, Buys-Ballot supposait qu'on tourne le dos au vent, et par suite les apparences étaient inversées. Nous avons modifié l'énoncé de Buys-Ballot afin de le faire concorder avec celui de Piddigton.

Loi de Dove. — Si on reçoit, sur les côtes de France ou d'Angleterre, un coup de vent causé par le déplacement de l'Est vers l'Ouest d'un centre de basse pression, comme généralement c'est la partie inférieure du tourbillon qui atteint les côtes, il est clair que les vents perçus seront les mêmes, pour un observateur immobile, que si cet observateur traversait le tourbillon suivant la corde AE. Il recevra successivement des vents de Sud, de Sud-Ouest, puis de Nord-Ouest.

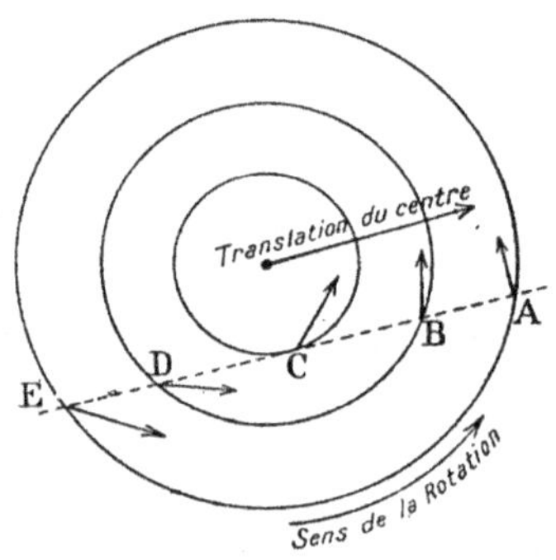

Fig. 46.

De là, la règle suivante énoncée par Dove :

Dans un même lieu, le vent (c'est-à-dire la girouette, ou le vent perçu au compas) *paraît tourner comme les aiguilles d'une montre.*

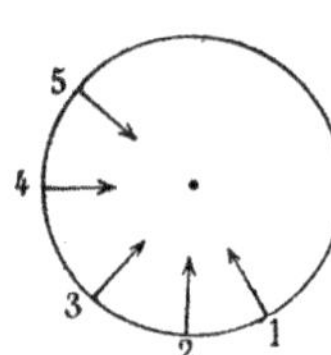

Fig. 47.

Cette règle serait en défaut si on se trouvait au Nord de la trajectoire. Ainsi, le 11 janvier 1866, on observa, en rade de Cherbourg, sur le *Magenta,* que le vent parut tourner à l'opposé de la règle de Dove, pendant un coup de vent violent, le centre de la bourrasque ayant passé à quelques milles au Sud de Cherbourg.

Mode de propagation des vents. — En général, on admet que la propagation des vents se produit par aspiration. L'air aspiré en A (fig. 41) met en mouvement les masses M, M'. Celles-ci, se déplaçant, entraînent progressivement les masses N, N'. Une comparaison nous fera comprendre le phénomène. Supposons qu'un vapeur ait stoppé, ayant à la remorque 3 navires. Les remorques ont pris du mou. Quand le vapeur se remettra en marche, le remorqué le plus près du vapeur se déplacera le premier. Tendant ensuite la remorque du 2e navire il entraînera ce deuxième, et enfin le troisième ne suivra que plus tard le mouvement général. Pareillement l'aspiration produite en A déplace M et M'.

M et M' se déplaçant, N et N' ne se déplacent qu'à leur tour.

Circulation générale théorique de l'atmosphère d'après Halley et Maury. — Dans la zone équatoriale qui reçoit les rayons du soleil suivant un angle voisin de $90°$, d'après la loi de Lambert, l'échauffement est considérable. Des vapeurs abondantes se produisent. L'air chargé de vapeur d'eau s'élève et la cause créatrice des vents se maintenant sans interruption, il y a constamment tuméfaction des couches aériennes dans la zone équatoriale, et déversement de l'air chaud le long des couches déformées qui ne sont plus, à ce moment, des surfaces de niveau, et qui ne peuvent, en cet état, demeurer en équilibre. La différence de densité des colonnes, situées de part et d'autre de l'équateur, et de la colonne d'air à l'équateur explique également le mouvement de l'air tel qu'on le constate dans la réalité.

Plus anciennement, Halley exposait de la manière suivante la circulation générale de l'atmosphère, et Maury considérait les idées de Halley comme conformes aux observations consignées sur ses cartes :

A l'équateur où se produit le maximum d'échauffement, l'air s'élève, puis se déverse vers le Nord et vers le Sud.

Vers 30° de latitude Nord ou Sud, il s'est refroidi et descend à la surface terrestre où, continuant sa route

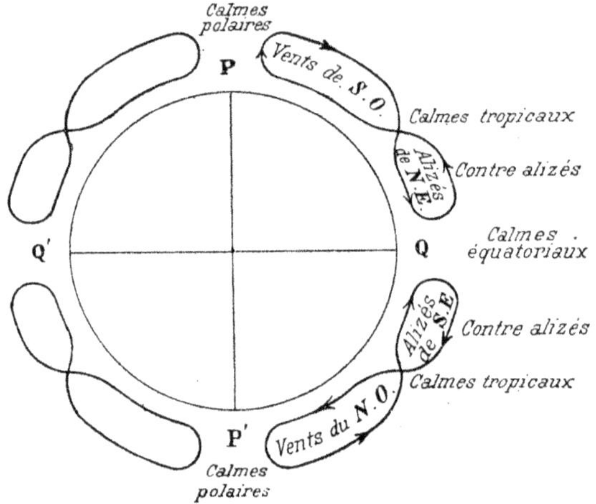

Circulation de l'air d'après Halley.

Fig. 48.

vers les pôles, il remonte ensuite, rencontrant les masses d'air qui de tous côtés affluent le long des méridiens.

Les masses d'air accumulées aux pôles se déverseraient ensuite dans les régions supérieures de l'atmosphère pour se diriger vers les tropiques où elles descendraient à la surface pour continuer leur route vers l'équateur.

Il y aurait ainsi neuf zones distinctes sur la terre.

1° Vers l'équateur une région de calmes, là où l'air n'a qu'une tendance ascensionnelle.

2° Une bande d'alizés au nord de l'équateur.

3° Une bande d'alizés au sud de l'équateur.

4° Vers le tropique nord une bande de calmes (calmes tropicaux).

5° Vers le tropique sud une bande analogue de calmes.

6° Au nord des calmes tropicaux Nord les vents irréguliers de la zone tempérée boréale, mais plus généralement des vents de S.-O.

7° Au sud des calmes tropicaux Sud les vents irréguliers de la zone tempérée méridionale, mais plus généralement des vents de N.-O.

8° Une zone de calmes près du pôle nord.

9° Une zone de calmes près du pôle sud.

La fig. 48 indique le mouvement théorique que prendrait une molécule d'air dans son parcours de l'équateur au pôle avec retour à l'équateur.

La figure 49 indique les zones théoriques dont nous venons de parler.

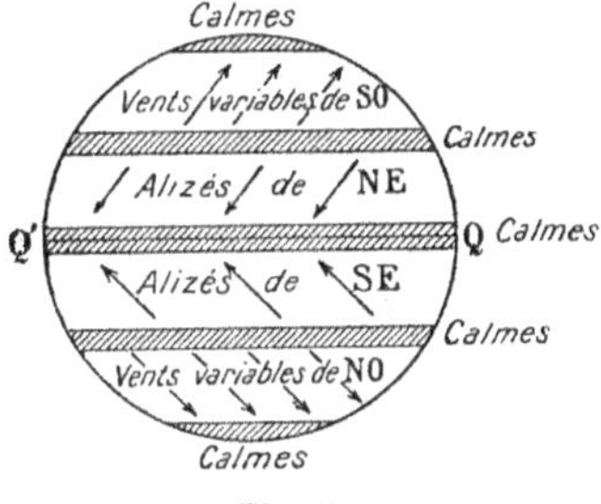

Fig. 49.

Dans les régions supérieures des zones torrides, régnerait un contre-courant qui formerait ce qu'on nomme le contre-alizé.

Les calmes tropicaux résulteraient du croisement des molécules descendant des régions supérieures en venant de l'équateur et des molécules descendant pareillement des régions supérieures en venant du pôle. Ce croisement est fort discutable.

Actuellement la théorie de Halley est abandonnée. Il est bien probable, en effet, que l'air ne s'élève pas en colonne verticale à l'équateur, comme en une immense cheminée.

Le déversement par couches semble plus logique. D'autre part, il est probable encore que les molécules d'air ne vont pas jusqu'au pôle en suivant la boucle en forme de 8 indiquée par Halley. Elles auraient plutôt une tendance à suivre le parcours indiqué dans la figure ci-contre que nous empruntons au traité de météorologie de M. Angot.

Si on adopte cette nouvelle explication, on n'en retrouve pas moins les zones indiquées par Halley et Maury, et que l'expérience, en tout cas, permet de constater d'une façon très nette.

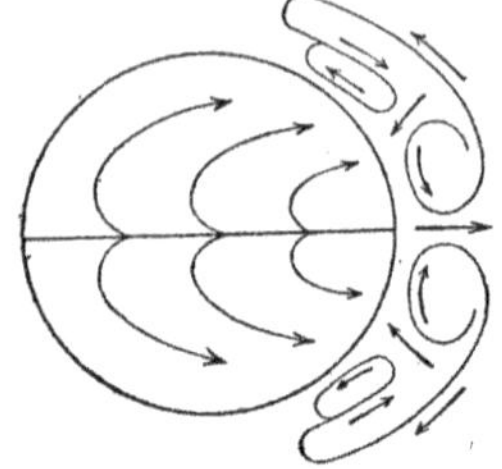

Fig. 5o.

Ajoutons encore que, si la loi générale de la circulation de l'air est conforme aux théories ci-dessus, les continents, inégalement répartis par rapport aux mers et diversement chauffés par le soleil, viennent troubler les grandes lignes de cette loi si simple.

Classification des vents. — On distingue les vents en *permanents*, *périodiques* et *variables*.

Les vents *permanents* sont ceux dont la direction demeure sensiblement constante toute l'année.

Les vents *périodiques* sont ceux qui soufflent six mois dans un sens, six mois dans un autre.

Les vents *variables* sont ceux qui, tout en ayant une prédominance marquée pour une direction donnée, sont cependant fréquemment altérés par des causes essentiellement variables.

Les *alizés* sont le type des vents permanents ;

Les *moussons*, le type des vents périodiques ;

Les vents généraux de S.-O. dans l'hémisphère Nord, (zone tempérée), de N.-O. dans l'hémisphère Sud, sont les types des vents variables.

ARTICLE II. — VENTS PERMANENTS

Alizés. — L'expérience montre qu'au Nord de la zone

des calmes équatoriaux règnent des vents réguliers (1) dont la direction moyenne est le N.-E., et qu'au Sud règnent des vents réguliers dont la direction moyenne est le S.-E. Ces vents sont généralement modérés, ne dépassant pas en force ce qu'on appelle la jolie brise. Le ciel est clair, le temps est beau ; de petits nuages, cirrus ou cirrocumulus, masquent assez rarement le soleil.

Théorie de Halley. — Bien que l'explication de Halley sur la cause des alizés semble actuellement devoir être abandonnée, nous croyons devoir la rappeler sommairement ici, vu son extrême simplicité.

Si la terre ne tournait pas, les molécules qui viennent le long de la surface terrestre vers l'équateur pour combler l'appel d'air causé par l'échauffement de la bande équatoriale, créeraient un vent de Nord dans l'hémisphère Nord, et un vent de Sud dans l'hémisphère Sud.

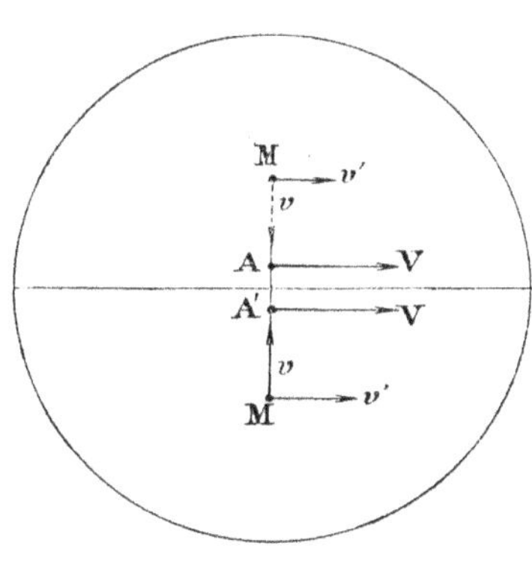

Fig. 51.

Pour expliquer comment la rotation de la terre dévie les molécules, voici le raisonnement suivi par Halley :

Quand un observateur en mouvement considère un mobile également en mouvement, on ne change *pas les apparences en donnant aux deux mobiles un mouvement d'entraînement commun* (Principe de Galilée).

D'après cela, imaginons un observateur situé en A

---

(1) Ces vents prennent le nom d'alizés, du vieux mot français « alis », uni, régulier.

près de l'équateur, et considérons une molécule d'air M placée vers le parallèle de 3o° de latitude Nord, au Nord de A. Abstraction faite de la rotation de la terre, cette molécule M a une vitesse v vers le point A.

Mais pendant que la molécule M tend à aller vers A, le point A, par suite de la vitesse de rotation de la terre, est entraîné vers l'Est avec une vitesse V.

La molécule M située sur le parallèle de 3o° est aussi entraînée vers l'Est ; mais sa vitesse d'entraînement v' est plus faible que V, puisque les arc semblables de parallèles sont proportionnels aux cosinus des latitudes.

Donnons aux deux mobiles A et M un entraînement commun vers l'Ouest égal à V, les apparences ne seront pas changées. *Mais alors A est ramené au repos* et la molécule M possède deux vitesses distinctes, sa vitesse propre v vers le Sud et une vitesse dans l'Ouest égale à V — v' (fig. 52). Son mouvement apparent sera la résultante de v et de V — v', c'est-à-dire V_1 direction voisine du N.-E.

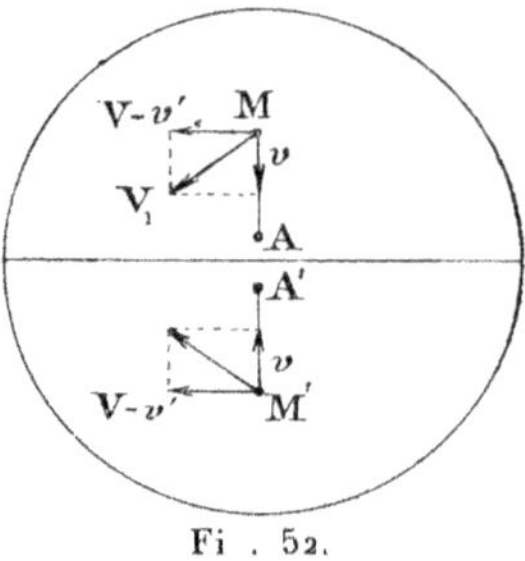

Fi . 52.

Une *explication* analogue montre que, dans l'hémisphère Sud, la molécule M′ paraîtra avoir une direction S.-E. pour l'observateur A′.

Quelque simple que soit cette théorie, elle laisse beaucoup à désirer et n'explique pas pourquoi les alizés sont NNE près des côtes d'Afrique, NE au milieu de l'Atlantique, puis ENE et Est en approchant des côtes d'Amérique.

Théorie actuelle des alizés. — Comme nous venons de le dire, la différence des vitesses des points situés sur deux parallèles différents ne suffit pas à expliquer les alizés. La théorie suivante, que nous avons réduite à sa plus simple expression, nous semble plus satisfaisante.

CIRCULATION ATMOSPHÉRIQUE
dans
L'ATLANTIQUE NORD
760
761
762
764
766
768
Açores
770
768
766
Canaries
764
SAHARA
762
I. du Cap Vert
Sénégal
760
760
Golfe
du
Mexique
Calmes
760
Equateur
760

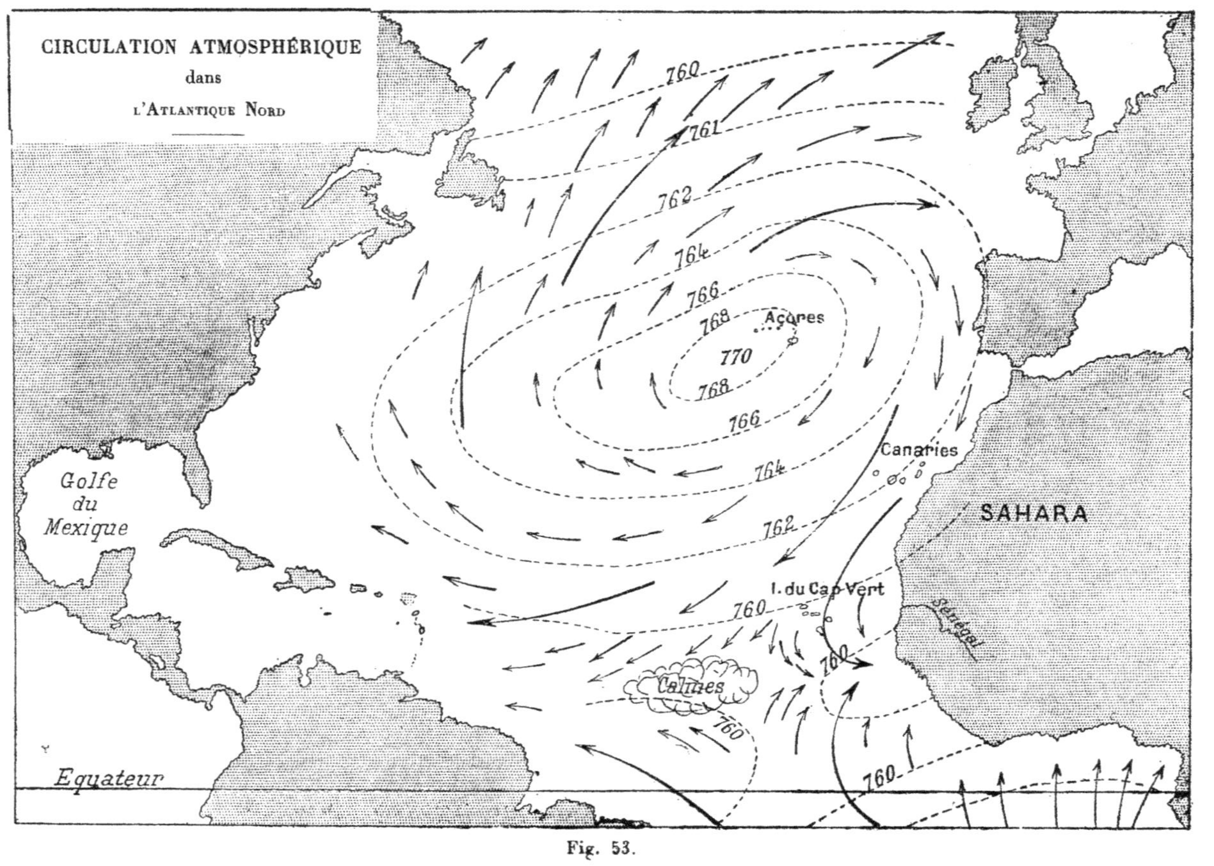

Fig. 53.

Par suite de la manière dont les terres sont réparties par rapport aux mers, il se forme, pendant l'été, des centres d'aspiration sur les continents de l'hémisphère Nord. Ces centres d'aspiration sont aussi des centres de basse pression. Par contre, sur les océans de ce même hémisphère nord, entre 0° et 40° de latitude, il s'établit alors des centres de haute pression. Ainsi que nous l'avons expliqué, autour de ces centres de haute pression, les masses d'air se mettent en mouvement dans le sens des aiguilles d'une montre. Il résulte de là que, entre 10° et 30° Nord, on doit rencontrer des vents allant successivement du Nord au NE à l'ENE et à l'Est à mesure qu'on va de l'Orient vers l'Occident dans chaque océan.

Nous donnons ci-contre la carte détaillée, d'après M. Brault, de la circulation atmosphérique pendant l'été dans l'Atlantique Nord.

La circulation est sensiblement pareille dans le Pacifique Nord.

On voit par là que, par les latitudes comprises entre 30 et 50 degrés, on doit trouver des vents généraux d'Ouest. Ces vents n'ont pas la fixité des alizés ; car, alors que, près de l'Équateur, les variations de température sont relativement minimes, dans les régions tempérées ces variations sont considérables et les vents, bien qu'en général de la partie Ouest, sont éminemment variables.

Pendant l'hiver, les alizés de l'hémisphère Nord se rapprochent de l'équateur, le centre de haute pression de l'Atlantique Nord s'étant déplacé vers l'équateur.

Dans l'hémisphère Sud, des causes analogues produisent sur les océans des centres de haute pression. Comme la circulation autour de ces centres doit se faire, dans l'hémisphère Sud, en sens contraire des aiguilles de la montre, il en résulte, entre 10° et 30° Nord, des vents de Sud et de SE, à mesure qu'on va de l'Orient à l'Occident dans chaque océan.

Entre 30° et 50° Nord, on aura, comme dans l'hémisphère Nord, des vents d'Ouest dominants, mais de nature variable. Comme d'ailleurs, dans l'hémisphère Sud, la surface des mers l'emporte sur celle des terres, les vents généraux d'Ouest, bien que variables, auront plus de stabilité dans cet hémisphère, que les vents d'Ouest correspondants de l'hémisphère Nord.

Nature des alizés. — Les alizés sont des vents très réguliers durant toute l'année sans interruption. Leur force est sensiblement constante. Les alizés de S.-E. sont plus forts d'ailleurs que ceux de N.-E. Les alizés de S.-E. prédominent aussi sur ceux de N.-E. au point de vue de l'étendue de la région où ils se font sentir. C'est ainsi qu'ils dépassent généralement l'équateur. La direction indiquée N.-E. et S.-E. n'est qu'une moyenne. Ainsi, près des côtes d'Afrique, l'alizé de N.-E. est plutôt N.-N.-E. et devient Est du côté des Antilles. Pendant la saison chaude l'aspiration qui se forme sur le Sahara et sur les plateaux de l'Asie dévie les alizés ainsi que les cartes des vents de M. Brault permettent de le constater.

Dans la mer des Indes au nord de l'équateur, pendant l'été, l'aspiration qui se fait vers le centre de l'Asie interrompt, d'avril à octobre, le vent de N.-E. Cette perturbation constitue les moussons dont nous parlerons plus loin.

La régularité des alizés est un peu moins grande sur terre que sur mer ; les variations de température causées par les différences d'altitudes, les chaînes de montagnes, contribuent à modifier la marche générale des alizés. Dans l'Amérique du Sud, les alizés de S.-E. remontent sans interruption l'immense vallée des Amazones et ne sont interrompus que par la rencontre de la Cordillère des Andes. On les rencontre également dans l'Afrique méridionale entre le Zambèse et la côte d'Angola.

Variations de la limite des laizés. — Les alizés, étant sous la dépendance de l'échauffement de la zone équatoriale, doivent varier avec la position du point d'échauffement maximum. Ce point varie avec la déclinaison du soleil. La région des calmes équatoriaux qui sépare les alizés de N.-E. de ceux de S.-E. monte et descend avec le soleil, mais demeure en retard sur la cause produc-

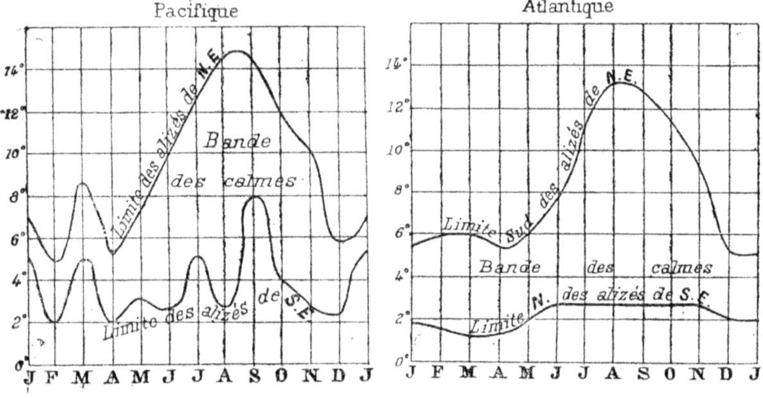

Fig. 54.

trice. La fig. 54 montre, dans l'Atlantique et le Pacifique, les limites en latitude, selon le mois considéré, de la zone des calmes équatoriaux qui limitent au nord et au sud les alizés de S.-E. et de N.-E. Non seulement ces limites varient en latitude, mais encore la bande des calmes est beaucoup plus large en latitude en été qu'en hiver, les deux courbes ne demeurant pas parallèles. De plus, on voit que les alizés de S.-E. dépassent constamment l'équateur.

Les limites supérieures des alizés sont peu précises. On peut les fixer vers le parallèle de 30° Nord et le parallèle de 23° Sud. Mais ces limites varient un peu avec la déclinaison du soleil, et sont loin d'être exactement parallèles à l'équateur. Ainsi dans l'Atlantique elles sont plus élevées sur la côte d'Amérique, que sur la côte d'Afrique. Pour être renseigné exactement, le navigateur doit se procurer la carte de Brault qui donne les vents probables de la région considérée pour le trimestre où on se trouve.

Contre-alizés. — Quelle que soit la théorie adoptée, il n'en existera pas moins, dans les régions supérieures de l'atmosphère de la zone torride un courant de retour des molécules d'air qui, à la surface, affluent vers l'équateur, entraînées incessamment par les vents alizés. Par une raison inverse de celle qui a dévié les vents alizés au N.-E. et au S.-E., les contre-alizés partant de l'équateur pour aller vers les tropiques, au lieu d'aller directement vers le

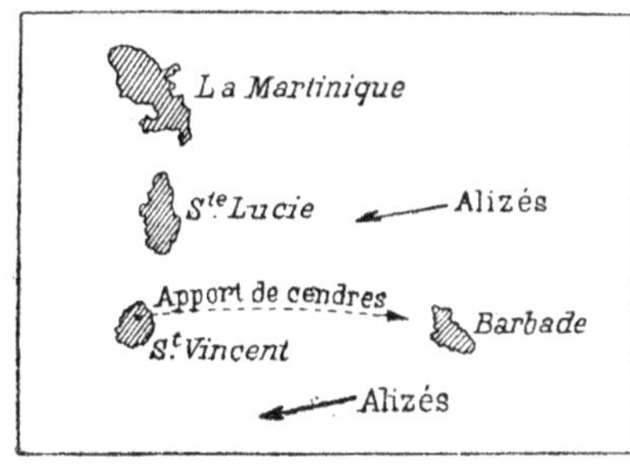

Fig. 55.

Nord dans l'hémisphère Nord, vers le Sud dans l'hémisphère Sud, se trouveront déviés par la rotation de la terre, ce qui donnera des vents de S.-O. dans l'hémisphère Nord, des vents de N.-O. dans l'hémisphère Sud. L'observation attentive des nuages élevés tels que les cirrus montre bien en effet qu'il existe dans les régions supérieures de l'atmosphère un vent opposé au sens de direction des alizés. En 1812, des cendres, provenant de l'éruption du Morne Garou dans l'île Saint-Vincent, ont été apportées jusque sur les Barbades, à 200 kilomètres dans l'Est, et, par conséquent, en sens contraire des alizés.

Pareillement, en 1835, des cendres provenant du volcan Coseguina au Nicaragua sont allées tomber à la Jamaïque à 1 300 kilomètres dans le N.-E.

Abaissement graduel du niveau des contre-alizés. — Vers la limite inférieure en latitude des alizés on n'a pas pu constater, même sur les plus hautes montagnes, à partir de quel niveau l'alizé cesse pour faire place aux contre-alizés. Ainsi les fumées du Cotopaxi, à 5 400 mètres de haut, se dirigent constamment dans l'Ouest. Les projections de cendres dont nous avons parlé montrent que le contre-alizé doit régner dans de plus hautes régions, sans doute supérieures à 8 000 mètres. Mais, à mesure qu'on s'élève en latitude, le vent supérieur se rapproche de plus en plus de la surface terrestre. Ainsi au pic de Teyde, à Ténériffe, le sommet est balayé à 3 600 mètres par un vent constant d'Ouest, alors que plus bas règne l'alizé de N.-E. L'hiver même, le contre-alizé atteint 2 700 mètres d'altitude. Plus on s'élève en latitude, plus le contre-alizé se rapproche de la surface de la mer et, vers la latitude de Madère, il doit être très voisin du sol. C'est la limite un peu vague des calmes tropicaux dont il sera parlé plus loin.

Calmes équatoriaux. — Les calmes équatoriaux représentent la région qui sépare dans la zone torride les alizés de N.-E. de ceux de S.-E. Ainsi que nous l'avons expliqué, en parlant des limites des alizés, cette bande de calmes a une largeur très variable selon les saisons. Dans l'Atlantique Nord sa largeur varie, même à la même époque, selon la longitude. C'est vers 50° de longitude Ouest que les calmes paraissent atteindre leur plus grande fréquence. En ces régions qui correspondent à un maximum d'échauffement, l'air est presque constamment saturé d'humidité, le ciel est presque toujours couvert; des orages fréquents et des grains de pluie torrentielle, mais donnant, en général, peu de vent, ont fait donner à ces régions le nom caractéristique de Pot-au-Noir. L'humidité constante de l'air s'oppose à la transpiration cutanée, ce qui rend pénible un séjour prolongé dans ces parages que le navire à voiles cherchait à franchir autrefois le plus vite possible, en venant couper la ligne vers 28° de longitude Ouest, là où la bande de calmes paraît plus étroite et les calmes absolus moins fréquents.

Calmes tropicaux. — Quand les contre-alizés, en s'abaissant, se rapprochent de la surface de la mer vers 30° N. et 30° S., il se produit, par suite du conflit de ces vents avec ceux qui viennent de la partie supérieure de l'atmosphère des régions tempérées, dans la théorie de Halley, peut-être simplement aussi parce que c'est de là que tendent à repartir les molécules d'air qui, à la surface, doivent reconstituer, en se dirigeant vers l'équateur, les vents alizés, il se produit, disons-nous, une région à brises variables et de faible intensité, improprement appelée zone des calmes tropicaux. Les calmes au lieu d'y exister dans le rapport de 2 à 5, comme dans la région des calmes équatoriaux, ne s'y rencontrent guère que dans le rapport de 1 à 15, soit en moyenne 2 jours de calme par mois. Leur existence est même niée par quelques auteurs.

C'est dans ces régions que se trouve (par 30° de latitude) le sommet de la trajectoire des cyclones. Mais comme ces trajectoires passent plutôt du côté des Bermudes que du côté des côtes d'Afrique, c'est surtout dans ces parages qu'il faut éviter de séjourner si on veut éviter la rencontre des ouragans.

ARTICLE III. — VENTS PÉRIODIQUES

Moussons. — Lorsque, dans la zone torride, une vaste surface continentale s'est fortement échauffée, il arrive que les alizés de surface sont détournés de leur direction. Le vent souffle en sens contraire de l'alizé pendant environ 6 mois. Ainsi, dans la mer des Indes, les alizés de N.-E. cessent en avril pour être remplacés par des vents de S.-O. Bien que les alizés de N.-E. reprennent en octobre, afin de distinguer les vents périodiques de ces régions des alizés dont le nom indique un vent permanent, on dit : mousson de N.-E., mousson de S.-O. Mais en réalité, la mousson de N.-E. est le retour de l'alizé. La mousson de S.-O. est sa suppression. La mousson de S.-O. n'est d'ailleurs qu'un vent de surface. Ainsi les volcans de Java, à 3 000 mètres de hauteur, vomissent des torrents de fumée et des vapeurs que l'alizé de N.-E., régnant dans les régions supérieures de l'atmosphère, emporte toute l'année dans l'Ouest, alors que pendant 6 mois, à la surface de la mer, règne la mousson de S.-O., et pendant 6 autres mois la mousson de N.-E.

Moussons de l'Océan Indien. — Les hauts plateaux de l'Asie, dépourvus de végétation, le désert de Gobi représentent pendant l'été la zone d'échauffement maximum. Il y a donc appel d'air, de la mer vers la terre. Alors, à un moment donné, et successivement, en allant du N. vers le S., les masses d'air que le vent de N.-E. entraînait vers l'équateur, s'arrêtent dans leur course et rebroussent chemin pour constituer la mousson de S.-O. La mousson de N.-E. dure pendant 6 mois (saison froide, octobre à avril). La mousson de S.-O. dure 6 autres mois (saison chaude, avril à octobre). La mousson de N.-E. présente le même caractère que celui des alizés, dont elle n'est que le retour. Le temps est beau, sec, la brise modérée. La mousson de S.-O. entraînant des masses d'air venues de l'équateur, chargées d'humidité, est au contraire caractérisée par des pluies, un vent souvent très fort, une mer violemment agitée.

A un moment même les alizés de S.-E. suivent l'entraînement général et dépassant l'équateur prennent une direction sud, pour former le prolongement de la mousson de S.-O.

Été de l'hémisphère nord

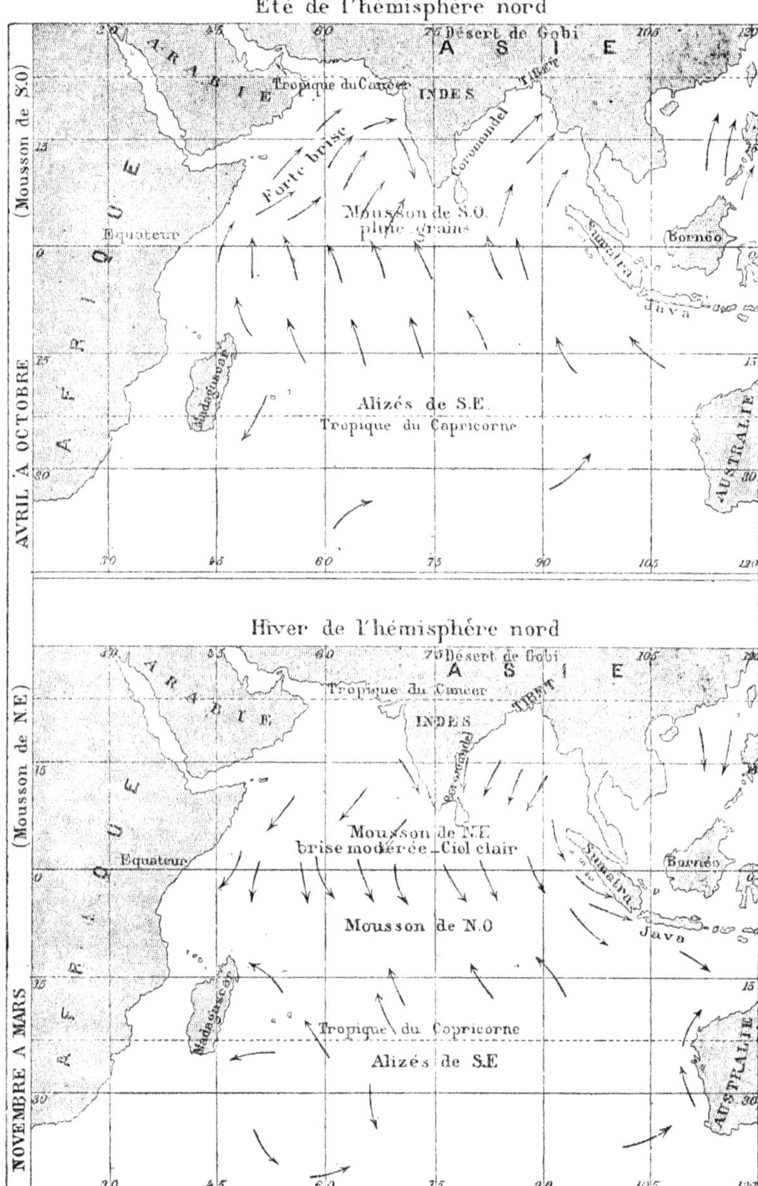

Fig. 56.

Le renversement de la mousson de N.-E. va progressivement du N. au S., avec une vitesse de 15 milles en 24 heures. L'inverse a lieu pour le renversement de la mousson de S.-O. C'est au moment du renversement des moussons, et surtout de celle de S.-O., que se produisent les cyclones, typhons et autres perturbations atmosphériques dangereuses.

Dans l'Océan Indien, au sud de l'équateur, entre 0° et 10° Sud, par un phénomène analogue à celui que nous avons indiqué plus haut, la mousson de N.-E., qui n'est au fond que l'alizé N.-E., franchit l'équateur pendant l'hiver, et se déviant, par suite de la rotation de la terre, prend, dans ces parages, une direction franchement N.-O. On dit alors, dans ces régions, qu'il y a mousson de S.-E. (c'est l'alizé ordinaire) pendant l'été (mars à novembre), et mousson de N.-O. pendant l'hiver (novembre à mars). Au sud de Madagascar, l'alizé de S.-E. est dévié pendant l'hiver et prend une direction E., tandis que sur les côtes sud d'Australie il tourne au S.-O.

Moussons des mers de Chine. — Dans les mers de Chine, des causes analogues à celles que nous avons signalées dans l'Océan Indien produisent également des vents périodiques. Mais, par suite de l'orientation des côtes qui est N.-E. S.-O. au lieu d'être E.-O. comme dans l'Océan Indien, il y a, pendant l'hiver, renforcement de l'alizé N.-E., qui augmente d'intensité, l'appel d'air se faisant vers les îles de la Sonde, alors qu'il fait un froid intense sur les côtes de Chine et du Japon. Alors ce vent prend le nom de mousson de N.-E. Il est très frais, comme intensité, très froid comme température. La mer est agitée fortement. La direction N.-E. n'est qu'une moyenne. La mousson est N.-E. dans le canal de Formose, E.-N.-E. du côté de Hong-Kong, N. dans la mer Jaune. Pendant l'été, cet alizé renforcé, qui a été dénommé mousson de N.-E., cesse et fait place à des brises modérées de S.-O. On dit, par conséquent, qu'il y a, dans les mers de Chine comme dans l'Océan Indien, des moussons de N.-E. et de S.-O. Mais leur caractère météorologique est différent de celui des moussons de l'Océan Indien.

Moussons de la côte de Guinée. — Cette mousson a ici un caractère spécial. C'est en même temps une brise de jour. Pendant presque toute l'année, de 10 heures du matin à 10 heures du soir, un vent de S.-O. s'établit, portant vers la terre avec calme dans la nuit. Vers le mois de janvier seulement, le soleil étant par une déclinaison sud, l'alizé de N.-E. reprend sa prépondérance, emportant au large une poussière fine brune ou blanche, constituée par les sables du désert. Mais cette reprise de l'alizé ne dure qu'une vingtaine de jours, et le S.-O. reprend tel que nous l'avons indiqué.

Moussons de la côte de Vénézuela. — Pendant l'été, la côte de Vénézuela fortement échauffée dévie les alizés du N.-E. et les change en vents d'Est. C'est ce qu'on nomme les *brisotes de Santa Martha* à Carthagène, les *brisas pardas* dans le golfe du Mexique.

Vents étésiens. — Pendant l'été, l'aspiration qui se produit sur le Sahara, la Tripolitaine et l'Égypte, produit sur toute la côte nord de l'Afrique des vents presque constants de la partie nord. C'est ainsi que tous les arbres des Baléares sont inclinés vers le Sud et que les traversées des voiliers sont, pendant l'été, en moyenne d'un quart plus courtes d'Europe en Algérie, que le voyage inverse.

Brises de terre et de mer. Brises diurnes, brises nocturnes. — Quand le temps est beau, pendant l'été, sur les côtes méridionales de France, sur la côte Est d'Espagne, dans l'Adriatique, on constate que, vers 10 heures du matin, une brise se lève venant du large, qui tempère l'ardeur du soleil. Elle augmente jusque vers 3 heures de l'après-midi et tombe au coucher du soleil. Le jour la terre s'échauffe plus que la mer. Il y a appel d'air de la mer vers la terre. La nuit, la terre se refroidit plus vite que la mer, le mouvement inverse a lieu. Le calme revient au lever du soleil, et ainsi de suite. Dans les parages où règnent des alizés, ces effets se trouvent masqués en général. Nous en avons vu pourtant une exception sur les côtes de Guinée.

Brises de montagnes. — Les inégalités de relief du sol, les différences d'altitude, les versants exposés au Nord ou au Midi, les vallées qui peuvent guider, comme un fleuve, un courant d'air déterminé, produisent aussi des brises variables dont la cause première est presque toujours une différence de température ou d'hygrométrie entre deux points voisins.

Le navire, qui doit passer devant une gorge étroite de montagne, doit se méfier des grains violents qui l'assaillent parfois devant ces coupures brusques du relief du sol. En Islande on en rencontre de nombreux exemples.

Brises locales, Mistral, Bora, Harmattan, Sirocco. — En dehors de ces vents, dont on ne peut étudier ici la variété infinie, il existe, dans diverses régions, des vents parfaitement connus et se produisant à des époques presque régulières, comme les équinoxes, le mois d'avril, etc., etc.

Quand l'isobare 760 prend la France en écharpe, apportant des vents de N. modérés sur le Nord de notre pays, ce vent, encaissé en quelque sorte dans la vallée du Rhône, se débarrasse de son humidité sur les montagnes de l'Ardèche et arrive froid, sec et violent sur les côtes méridionales de la France. Il est devenu alors ce

vent de N.-O. si désagréable que l'on appelle le *Mistral,*
et qui souffle parfois plusieurs jours sans interruption.

Le mistral peut provenir également d'une bourrasque
traversant la Méditerranée de l'Ouest à l'Est. Sur les
côtes de Provence le vent aura une direction de N. ou de N.-O. et sera généralement moins violent et surtout moins durable que dans le premier cas.

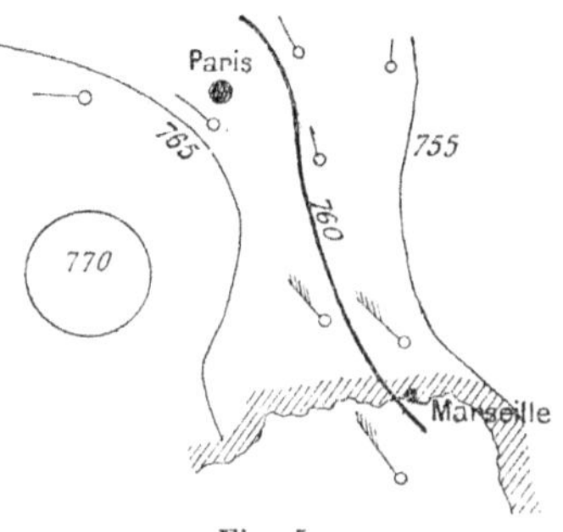

Fig. 57.

Sur le Nord de la mer Adriatique, on ressent fréquemment un vent ayant les mêmes origines que le Mistral et qu'on nomme le *Bora.*

Le *Sirocco* est l'opposé du Mistral. On le rencontre
dans presque toute la Méditerranée. C'est un vent chaud
de S. ou de S.-E. fréquemment humide, principalement
en Italie et en Grèce. Cependant, suivant les régions
d'où il provient et selon les époques de l'année, il peut
au contraire être sec et brûlant. C'est ce qu'on constate
sur les côtes de Sicile et encore plus sur celles d'Algérie.

Enfin l'*Harmattan* est un vent d'Est (direction moyenne),
qu'on rencontre fréquemment sur la côte occidentale
d'Afrique.

ARTICLE IV. — VENTS VARIABLES DES
RÉGIONS TEMPÉRÉES

Considérations générales. — Si les vents des régions
tempérées avaient la régularité remarquable que nous
avons constatée pour la zone torride, où les causes
d'échauffement sont presque constantes et le changement d'obliquité des rayons solaires négligeable, ces
vents seraient constamment S.-O. dans la zone tempérée

Nord et N.-O. dans la zone tempérée Sud. Au contraire, dans nos régions ce changement est énorme.

En effet si on remarque qu'à Dunkerque, par exemple, à midi, le soleil atteint comme hauteur maxima 16° en décembre et 63° fin juin, il faudra en conclure qu'il y aura dans les régions tempérées, d'une saison à l'autre, d'énormes variations de température. Ces variations seront même parfois considérables d'une semaine à la semaine suivante.

D'autre part, les grands courants d'eau chaude, dont nous étudierons plus tard la marche dans les Océans, déversent constamment dans les régions tempérées des quantités de chaleur considérable ; l'air s'échauffe en contact avec ces eaux relativement chaudes ; il se produit alors des variations de densité et d'hygrométrie extrêmement compliquées à suivre théoriquement. Ainsi, bien que les vents de S.-O. et de N.-O. soient les vents prédominants dans les zones tempérées N. et S., ces vents n'ont pas, à beaucoup près, la régularité des alizés, ni comme direction ni comme intensité. *L'étude des isobares, suivie jour par jour, permet seule de suivre expérimentalement la manière dont les masses d'air se déplacent ou tendent à se déplacer selon la variation de leurs densités.* Si nous ajoutons à cela que la configuration des côtes, le relief du sol, doivent jeter une nouvelle cause de perturbations dans le régime des vents, on concevra combien il est difficile de prévoir le temps à longue échéance, et, par longue échéance, nous entendons *trois jours au maximum !* L'expérience montre que les pressions barométriques se disposent généralement de deux façons bien distinctes sur les continents et les mers. Sur l'Atlantique nord, par exemple, en été, une sorte de montagne aérienne (1) s'installe à un poste à peu près fixe,

---

(1) Il est bien entendu que cette dénomination de montagne aérienne est toute fictive, et désigne un centre de haute pression.

ayant son sommet vers les Açores. Les isobares s'échelonnent en forme d'ellipses allongées autour de ce sommet. D'autres montagnes aériennes analogues se rencontrent couvrant, par exemple, dans leur presque totalité, l'Europe et l'Asie. Ces montagnes aériennes demeurent longtemps sensiblement immobiles. C'est cet état de l'atmosphère que nous avons appelé un anti-cyclone ou îlot des calmes. En son milieu règne une pression barométrique élevée, 770 mm. par exemple, 800 très exceptionnellement. Par contre, de temps à autre, on voit apparaître en différentes régions une sorte de creux ou précipice aérien, généralement moins étendu que l'îlot des calmes. En son milieu règne une faible pression barométrique 740 mm. ou 730 mm. par exemple (très exceptionnellement 700 mm.). Les isobares se groupent serrées autour de ce centre de basse pression que nous avons dénommé *cyclone* ou *bourrasque*. Généralement ce centre de basse pression se déplace assez vite. Le passage de cette dépression vient alors brouiller les isobares de l'îlot des calmes, apportant sur son passage des vents violents, de la pluie, des grains. Ces considérations suffisent à faire comprendre pourquoi les vents des régions tempérées sont si variables.

CHAPITRE IV

Des perturbations atmosphériques.

ARTICLE Ier — PERTURBATIONS GÉNÉRALISÉES CYLONES, TYPHONS, OURAGANS

Définition. — Un cyclone est une tempête tournante qui prend naissance dans la zone torride. C'est un vaste tourbillon qui va en se déplaçant suivant une trajectoire sensiblement parabolique, ses dimensions augmentant à mesure qu'il avance.

Il est difficile d'expliquer d'une manière entièrement satisfaisante la formation d'un cyclone et surtout la régularité de sa trajectoire. Voici l'explication actuellement adoptée :

Vers le moment du changement des saisons (avril ou octobre), à l'époque des renversements de moussons, des conflits tendent à se produire entre les masses d'air qui doivent changer de direction. Des précipitations de vapeur d'eau ont lieu ; il y a des diminutions brusques de pression sur une région souvent fort étendue. Alors le phénomène que nous avons expliqué autour d'un centre de basse pression se produira ; il y aura tendance à la rotation des masses d'air autour de ce centre, dans le sens opposé aux aiguilles d'une montre, dans l'hémisphère N., et dans le sens de ces aiguilles, dans l'hémisphère S. avec mouvement centripète des masses d'air.

Supposons que ce tourbillon ait pris naissance vers 10° Nord. Il va se mettre en mouvement vers l'O.-N.-O., suivant à peu près la route des alizés dans ces parages ; puis la trajectoire tourne vers la droite. Vers 30° N., elle est Nord, puis s'infléchit vers le N.-E. Le diamètre du cyclone s'agrandit en même temps que sa vitesse de translation, puis le mouvement de rotation diminue considérablement et le cyclone finit par se désagréger vers 50° de latitude.

Nous croyons devoir attirer l'attention sur ce fait que la trajectoire du cyclone n'est pas constituée par le chemin que suivrait une même masse d'air tourbillonnante, se déplaçant tout le long du chemin que la trajectoire dessine sur le globe terrestre. La trajectoire est en réalité le lieu géométrique des points où, successivement, la baisse barométrique atteint son minimum. Les masses d'air se mettent en mouvement tourbillonnaire successivement autour de ces points, sans que *l'un des tourbillons* se transporte intégralement le long de la trajectoire.

Le déplacement successif des différents cercles représentant le cyclone n'est donc qu'une apparence analogue au déplacement apparent de la crête d'une lame de mer.

Si nous continuons à employer ultérieurement des raisonnements fondés sur ces apparences, on ne doit y voir qu'un moyen commode de présenter les démonstrations et de faciliter le langage.

En réalité, il n'y a pas transport d'une masse d'air en tourbillon. Le tourbillon refoule l'air qui est devant lui, et on constate en effet une augmentation momentanée de pression à l'avant du cyclone ; le centre avance, le tourbillon se comble constamment sur l'arrière ; les choses se passent, comme s'il se formait sans cesse une dépression nouvelle sur l'avant de l'ancienne qui disparaît progressivement. L'expérience a montré que, contrairement à une opinion ancienne, la force du vent est la même sur tout le contour du cyclone. Il n'y a pas

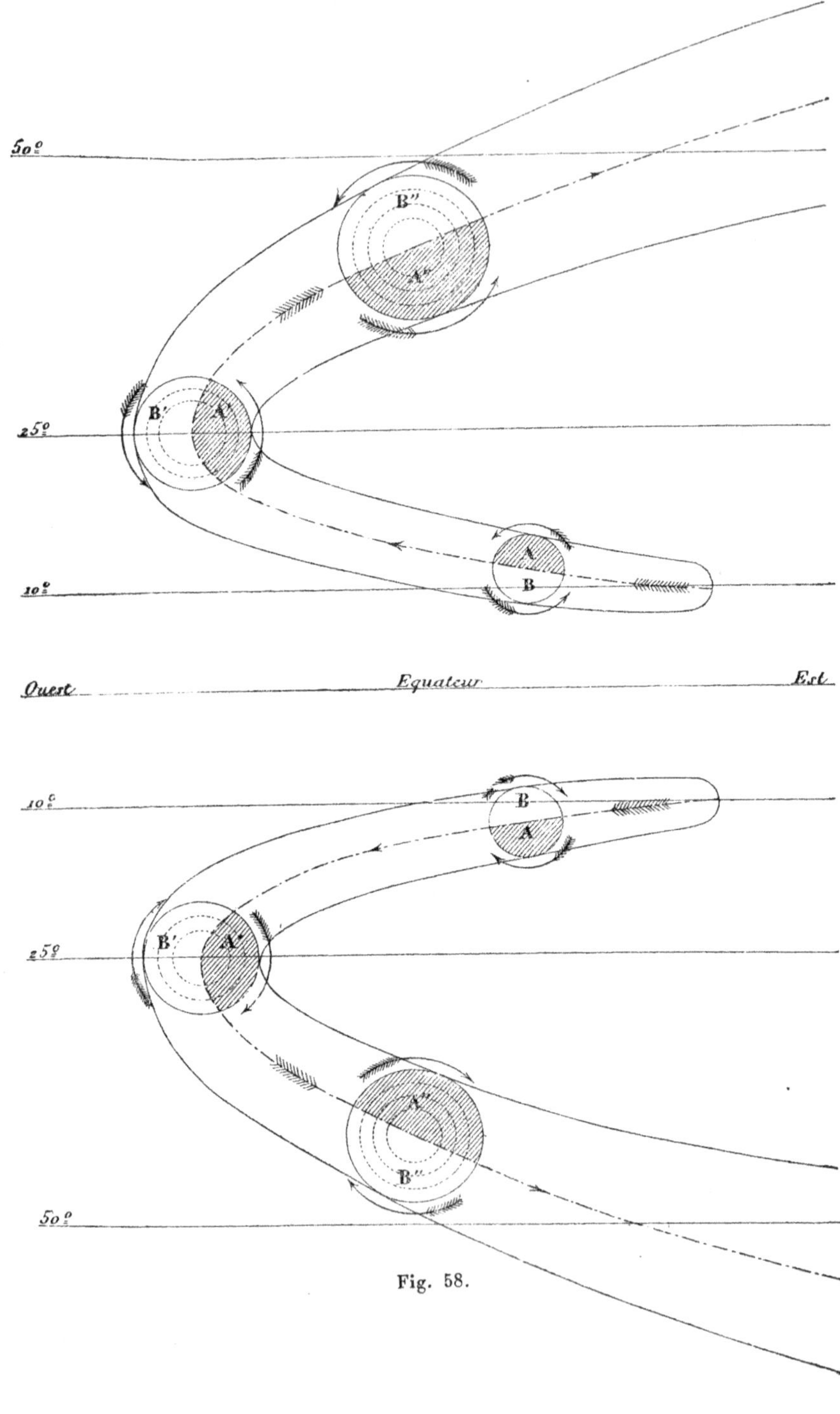

Fig. 58.

somme ou différence des vitesses de translation et de rotation selon le point considéré du cyclone. Le mouvement des molécules est partout nettement convergent.

On peut se demander ce que deviennent les molécules entraînées ainsi vers le centre. Elles n'y parviennent pas, mais s'élèvent progressivement. A une certaine hauteur, 2 000^m par exemple, la convergence cesse et le tourbillon devient circulaire ; à une hauteur encore plus grande, 4 000^m par exemple, les molécules prennent un mouvement divergent. Les observations des nuages à diverses hauteurs, pendant les cyclones, les ballons-sondes, les cerfs-volants, confirment cette divergence des masses d'air à partir d'une certaine hauteur.

En général les plus violents cyclones ne dépassent pas en hauteur une dizaine de kilomètres, alors que leur diamètre est de 50 à 100 fois plus étendu. Leur forme affecte donc non celle d'un haut cylindre, mais celle d'un cylindre plat mais très large.

LOIS DES CYCLONES, 1re LOI. Les cyclones sont régionaux. — Les cyclones ne prennent pas naissance en n'importe quel point de la zone torride.

A. Ceux de l'Atlantique Nord ont leur départ un peu dans l'Est des Antilles vers 10° N. et 50° à 70° de longitude Ouest. Leur mouvement de translation peut les entraîner jusqu'au fond du golfe du Mexique vers 100° de longitude Ouest. Ils remontent ensuite vers le N., passant tantôt sur la Nouvelle Orléans, tantôt sur la Floride ou les Bermudes selon leur point d'origine. Ils peuvent alors terminer leur parcours non loin des îles Britanniques. L'ouragan des Antilles n'est au fond qu'un cyclone passant sur ces îles.

B. Les cyclones sont rares dans l'Atlantique Sud. Leur mouvement serait, en tout cas, celui indiqué d'une façon générale dans la figure 58.

C. Dans l'Océan Indien N. les cyclones semblent se

diriger du S.-E. au N.-O. à travers le golfe du Bengale.

En juin 1885, un cyclone violent, où s'est perdu le Renard, a traversé le golfe d'Aden de l'Est à l'Ouest.

D. Dans l'océan Indien S., les cyclones demeurent confinés entre Madagascar et l'Australie entre 10° et 40°

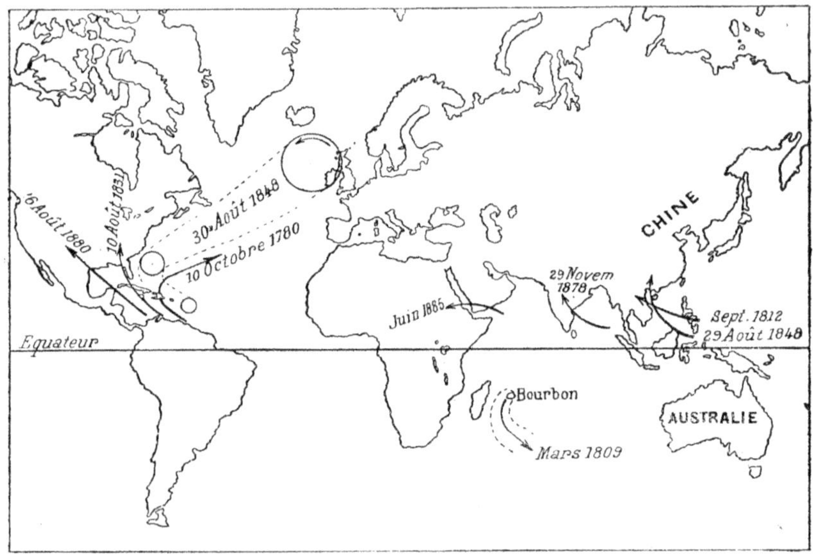

Fig. 59.

Sud ; ils sont plus fréquents entre Bourbon et Madagascar. Ceux qui passent à Bourbon se dirigent au Sud pour tourner ensuite vers le S.-E. (c'est, bien entendu, de la trajectoire que nous parlons).

Enfin dans les mers de Chine les cyclones restent confinés entre la côte et 145° de longitude E. ; ils prennent naissance vers 10° N. et ne dépassent pas 40° en latitude. Ces cyclones prennent le nom de *Typhons*.

2ᵉ LOI. Les cyclones sont saisonniers. — A. Dans l'Atlantique Nord, les ouragans se développent en août, septembre et octobre dans la proportion de 90 pour 100. On en compte 5 à 10 par an.

B. Dans les mers de Chine, les typhons ont lieu en juillet, août et septembre, et au changement de moussons (3 à 7 par an).

C. Dans la mer des Indes, partie N., on les rencontre dans la proportion de 52 pour 100 en septembre, octobre et novembre, de 43 pour 100 en avril, mai et juin, de 5 pour 100 les autres mois. En d'autres termes c'est dans le trimestre des renversements de moussons que les cyclones ont lieu. On en compte 2 à 5 par an.

D. Dans l'océan Indien Sud, l'époque la plus fréquente est janvier, février, mars (9 par an en moyenne).

E. Dans le Pacifique Nord, de mai à novembre.

F. Dans le Pacifique Sud, de décembre à mai.

3ᵉ LOI. Le tourbillon est sensiblement circulaire ; mais les *molécules y ont un mouvement plus ou moins convergent vers le centre.* — Contrairement à ce que nous apprennent les isobares des dépressions barométriques dans les régions tempérées, où ces isobares

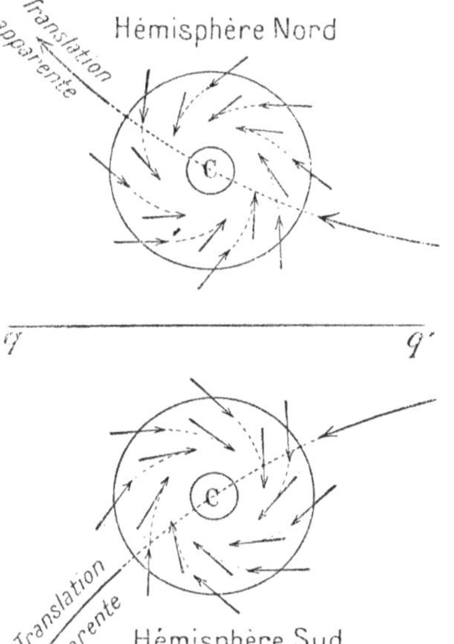

Fig. 60.

sont des ellipses allongées, la forme du cyclone est toujours presque circulaire. Le météore se comporte comme une couronne aérienne ayant une région centrale où les molécules sont sans vitesse de rotation. Les molé-cules tournent autour de cette région centrale ayant, vers le centre, des directions plus ou moins convergentes.

4ᵉ Loi. Le mouvement de rotation est direct dans l'hémisphère Sud, inverse dans l'hémisphère Nord. — Nous avons expliqué antérieurement la cause de ces deux rotations inverses.

Rappelons que la loi de Piddington en résulte : Dans l'hémisphère Nord, si on fait face au vent, le centre est à main *droite*. Il est à main *gauche* dans l'hémisphère Sud.

5ᵉ LOI. Le baromètre baisse d'autant plus qu'on est plus rapproché du centre. — Le cyclone produit sur le baromètre un effet analogue à celui qui aurait lieu si, brusquement, l'air étant en équilibre, on enlevait une por-

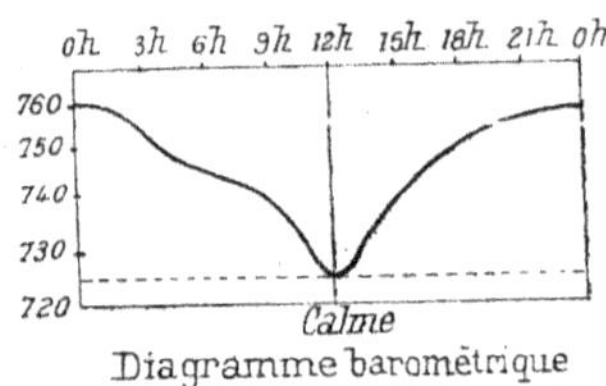

Fig. 61.

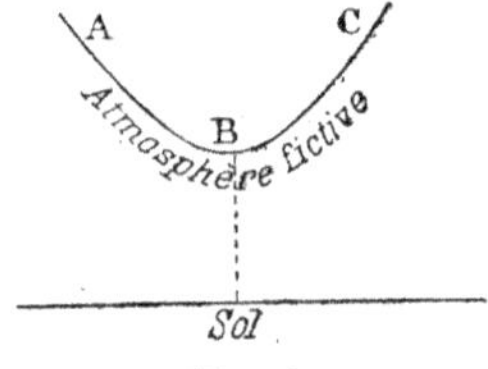

Fig. 62.

tion ABC de l'atmosphère, laissant subsister en B une sorte d'entonnoir. Les courbes des baromètres enregis-treurs constatent, en quelque sorte, cette forme carac-téristique. On peut presque prévoir, par la baisse barométrique horaire, la distance à laquelle on est du centre.

Voici, d'après M. Bridet, le tableau qui indique ces chiffres, bien entendu pour un navire à l'ancre ou au moins en cape, c'est-à-dire à peu près sans vitesse.

BAISSE EN MILLIMÈTRES à l'heure.	DISTANCE AU CENTRE en heures.
$0^{mm},5$	24 heures.
1 0	12 —
2 0	6 —
3 0	4 —
4 0	3 —

Ces chiffres ont été observés à la Réunion. Il ne faudrait pas trop s'y fier en n'importe quels parages.

Ce n'est pas la hauteur absolue qu'il faut considérer, mais bien la baisse horaire. Cependant on peut remarquer que le baromètre baisse généralement 24 heures avant le commencement du cyclone. C'est quand il atteint 750 mm. que le cyclone commence. Il peut tomber à 720 ou 730, même à 700 au centre même (1).

De l'examen des chiffres ci-dessus on peut conclure que la baisse horaire du baromètre est à peu près inversement proportionnelle à la distance du centre.

L'amiral Fournier en a déduit, comme on le verra plus loin, un moyen ingénieux de tracer la trajectoire du cyclone.

6ᵉ LOI. Le cyclone a un mouvement de translation. — La trajectoire moyenne d'un cyclone affecte sur la carte un aspect à peu près parabolique. Mais ces trajectoires sont loin d'être superposables. Leur point d'origine est également fort variable. Grosso modo, c'est vers 30° de latitude que la trajectoire, d'abord N.-O., puis N., s'infléchit au N.-E. (hémisphère N.).

(1) Il est extrêmement important de remarquer que la baisse horaire indiquée ici est celle qui serait constatée par un observateur immobile. Si le navire marche comme le cyclone, la baisse horaire paraîtra beaucoup plus faible, le navire changeant peu de situation par rapport au météore. Le contraire aura lieu si le navire va à la rencontre du cyclone.

Dans l'hémisphère S. la parabole se dirige d'abord vers le S.-O., puis au Sud et au S.-E.

Dans la mer des Indes Sud, c'est vers 20° de latitude que le sommet est placé.

Les typhons ont parfois des trajectoires absolument en désaccord avec la loi susdite. Certaines affectent la forme d'un huit ou d'une courbe à boucles, n'ayant rien de commun avec une parabole ! (fig. 63).

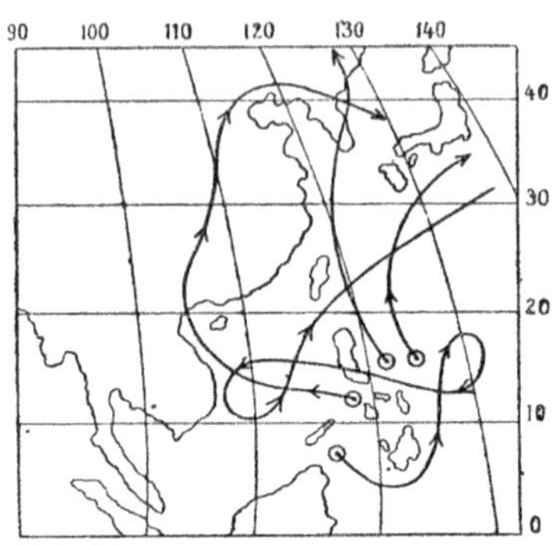

Trajectoire de quelques typhons.
Fig. 63.

7ᵉ LOI. Le cyclone augmente de diamètre, sa vitesse de translation augmente, sa vitesse de rotation diminue à mesure qu'il avance. — Vers 40° ou 50° de latitude le cyclone s'est désagrégé, il amène dans nos régions des perturbations considérables, mais il a perdu ses principaux caractères distinctifs.

Vitesses de translation et de rotation, dimensions en degrés de grand cercle. — Le tableau suivant résume les vitesses moyennes à l'heure, en milles, des deux mouvements caractéristiques des cyclones, et leur diamètre approximatif en degrés de 60 milles.

LATITUDE	OURAGAN DES ANTILLES		DIAMÈTRE	CYCLONE DE BOURBON		DIAMÈTRE	TYPHONS	
	Translation	Rotation		Translation	Rotation		Translation	Rotation
10°	10 milles	120 milles	2°	»	»	»	10 à 20 milles	100 à 90 milles
20	15 —	100 —	3	5 milles	120 milles	3°		
30	20 —	90 —	4	20 —	100 —	4		
40	30 —	60 —	6	30 —	60 —	6		

Côté maniable, côté dangereux. — On appelle *côté dangereux* le demi-cercle D, tel qu'un navire A, placé dans ce demi-cercle, risque d'être entraîné sur le passage du centre C. L'autre demi-cercle, M, est dit *côté maniable.*

Le demi-cercle dangereux est à droite de la trajectoire dans l'hémisphère Nord, à gauche dans l'hémisphère Sud.

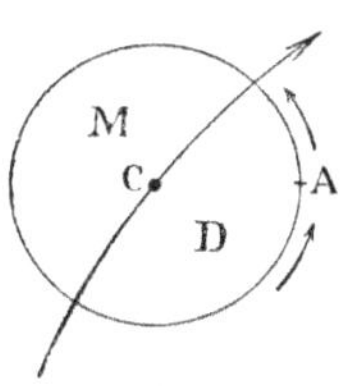

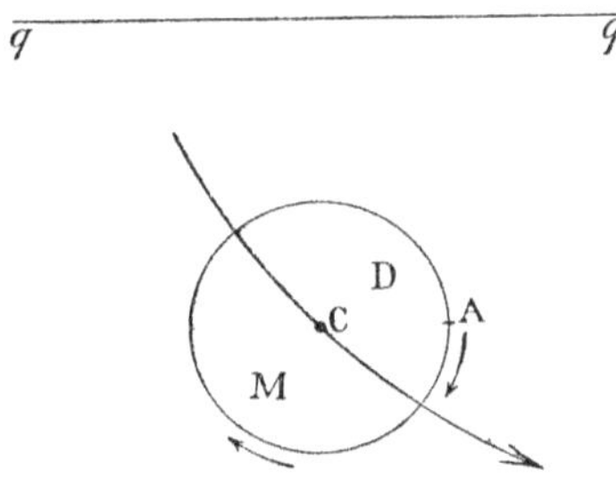

Fig. 64.

On doit abandonner l'idée, si longtemps enseignée, que, dans le côté dangereux, les vitesses de translation et de rotation s'ajoutent, et qu'elles se retranchent dans le côté maniable. Le vent a partout la même violence.

Ce n'est que le danger d'être entraîné vers le centre du cyclone qui constitue le danger du demi-cercle dit dangereux.

Remarquez en effet que, quelle que soit la cape que l'on prenne, dans le côté dangereux, comme cette cape sera à peu près une cape sèche, le navire dérivera uniquement et cette dérive le rapprochera du centre. S'il fuyait devant la tempête, il risquerait encore plus de tomber au centre par suite du déplacement du météore.

Dans le demi-cercle maniable, au contraire, on peut fuir perpendiculairement à la trajectoire et la mer et le vent paraîtront moins durs par cela même, non parce que le vent y est moins fort, mais parce que la vitesse du navire vent arrière ou grand largue viendra se déduire de celle du vent.

Variations de la girouette dans l'intérieur du cyclone.
— Supposons, pour fixer les idées, qu'on soit dans l'*hé-misphère N.* et que le cyclone marche vers le Nord. Les masses d'air circulent autour du centre en sens con-traire des aiguilles d'une montre. Nous savons d'ailleurs que les vents ont en réalité en plus un mouvement cen-tripète, c'est-à-dire que leur direction fait avec les

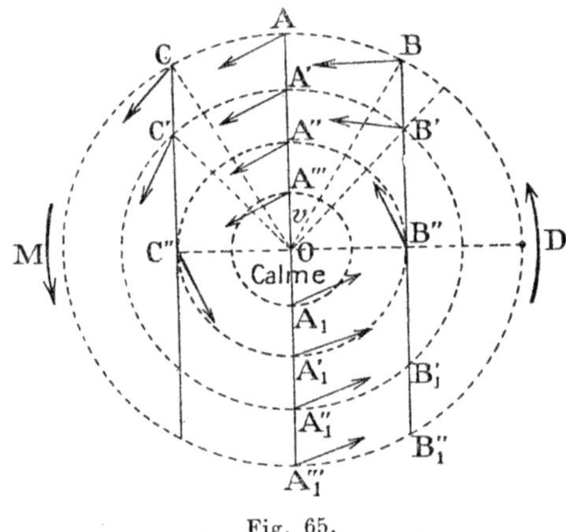

Fig. 65.

rayons OA, OA′... OC, OC′, etc., des angles aigus que nous pouvons supposer à peu près égaux, bien que dans la partie antérieure du cyclone la déviation semble de-voir être plus grande qu'à tout autre endroit.

Ceci posé, un navire, qui reçoit un cyclone, étant im-mobile au mouillage, peut, par rapport au cyclone, oc-cuper trois dispositions distinctes, A, B, C, au moment où le météore vient l'attaquer.

A. — *Le navire est sur la trajectoire du cyclone.* Au lieu de faire avancer le cyclone sur le navire, déplaçons le navire dans le cyclone en sens inverse.

Le navire occupant les positions successives A, A′, A″, A‴, le vent ne changera presque pas, le navire s'enfonçant dans le tourbillon. Le baromètre baissera à mesure qu'on approchera du centre.

En passant au centre, on trouvera parfois un calme central, de deux, trois heures et même davantage. Puis le vent changera de 180° environ par rapport à sa direction primitive, et le baromètre remontera à mesure que le centre s'éloignera vers le Nord.

B. — *Le cyclone attaque le navire en B.* Le navire est dans le côté que nous avons appelé *dangereux*. A mesure que le navire s'enfoncera dans le tourbillon, le vent paraîtra venir de plus en plus de la *droite* (c'est la loi de Dove), et sa variation, lente au début, sera plus rapide en B. Il aura été successivement E, ESE, SE, SSE. Passé ce point B, le baromètre, qui a baissé jusque-là, commence à remonter.

C. — *Le cyclone attaque le navire en C.* Le navire est dans le côté *maniable*. Les positions successives du navire seront C, C′, C″. Le vent passera au N.-E., au N.-N.-E., puis au N. et au N.-N.-O.; le vent paraîtra tourner vers la *gauche* (Bien entendu, c'est de la girouette qu'il s'agit ici et non du sens de rotation des molécules d'air dans le tourbillon).

Si au lieu d'être au mouillage, le navire est en *cape tribord amures*, on peut admettre que sa vitesse de dérive est négligeable. Alors, si, au début, il est en A, *sur la trajectoire*, il verra le vent demeurer *constant* en direction ; il pourra garder le même cap, en s'enfonçant dans l'intérieur du tourbillon. Mais quand le centre sera passé, le vent sautera de 180°.

S'il est en B (*côté dangereux*), *en cape tribord amures*, au moment où le cyclone l'attaque, le vent viendra de plus en plus de la droite, à mesure que le navire s'enfoncera dans le cyclone ; le navire peut loffer, le vent *adonne* donc.

Si le navire, *en cape tribord amures*, est attaqué en C par le cyclone (*côté maniable*), le vent viendra de plus en plus de la gauche à mesure que le navire s'enfoncera dans le cyclone ; le navire devra venir sur bâbord pour demeurer en cape, et le vent lui *refusera* de plus en plus.

Dans l'hémisphère Sud, le sens des variations de la girouette serait inversé puisque le tourbillon tourne comme les aiguilles d'une montre. Mais, si on prend la cape *bâbord amures*, le vent restera encore constant sur la trajectoire ; il adonnera encore dans le côté dangereux ; il refusera encore dans le côté maniable.

Si donc, étant attaqué par un cyclone, on veut savoir si on est sur la ligne du centre, ou dans le demi-cercle dangereux, ou dans le demi-cercle maniable, il faudra, pendant un certain temps (2 h. à 3 h.), rester en *cape initiale ou d'essai,* afin de demeurer aussi immobile que possible :

Hémisphère Nord	*Hémisphère Sud*
Cape tribord amures.	*Cape bâbord amures.*

Alors, dans les deux hémisphères, le baromètre baissant:

Si le vent demeure CONSTANT *en direction, on est sur la* TRAJECTOIRE *du centre.*

Si le vent ADONNE, on est dans le demi-cercle DANGEREUX.

Si le vent REFUSE, on est dans le demi-cercle MANIABLE.

Sans avoir besoin de tracer la trajectoire du centre, on peut alors adopter les règles de manœuvre suivantes :

MANŒUVRES A FAIRE EN CAS D'OURAGAN. — 1° Ayant reconnu qu'on *est sur la trajectoire,* on doit fuir en *laissant porter vent arrière* et *conserver ensuite l'azimut de fuite,* c'est-à-dire gouverner au même cap au compas qu'on aura noté une fois vent arrière. On coupera alors le cyclone obliquement en réalité à sa trajectoire, parce que le cyclone avance plus rapidement que le navire. Le vent paraîtra tourner à nouveau. On brassera à mesure, et quand le vent viendra du travers, on se retrouvera en cape tribord amures dans l'hémisphère Nord, en cape bâbord amures dans l'hémisphère Sud. Il sera alors peut-être bon, à cause de la direction des lames qui viendraient de la hanche, de changer d'amures. On le fera, si besoin est, en virant lof pour lof. Le centre sera généralement passé. Le baromètre remontera et le mauvais temps finira par disparaître.

2° Ayant reconnu qu'on est dans le *demi-cercle dangereux,* deux cas peuvent se présenter. Si on est dans les basses latitudes où la vitesse de translation du météore est faible, ou, si le vent adonne, mais très lentement (on est près de la trajectoire), on pourra laisser porter pour doubler le centre et aller se placer dans le demi-cercle maniable (voir au 3° ce qu'il convient alors de faire). Si on est dans les latitudes élevées, cette manœuvre peut faire tomber sur le centre qui peut rencontrer le navire pendant que celui-ci cherche à le doubler ; il vaudra mieux demeurer à la cape primitive. Le vent adonnera. On loffera à mesure. Quand le baromètre remontera, c'est que le centre sera passé. On verra le temps s'améliorer progressivement.

3° Ayant reconnu qu'on est dans le demi-cercle *maniable,* on laissera porter *grand largue,* ce qui donne une direction sensiblement perpendiculaire à la trajectoire. On notera le cap au compas ainsi obtenu et on *gardera l'azimut de fuite,* c'est-à-dire qu'on gouvernera constamment à ce même cap. Le vent refusera, on brassera à mesure. A un certain moment, on sera de nouveau en cape tribord amures dans l'hémisphère Nord, bâbord amures dans l'hémisphère Sud. Le baromètre commencera à remonter. Le centre s'éloigne et le temps s'améliore progressivement. Si, une fois en cape, la lame était dangereuse, venant de la hanche, il pourrait être utile de changer d'amures, par un virement lof pour lof.

Nous croyons utile de rappeler que, le vent ayant même violence dans le demi-cercle maniable comme dans le demi-cercle dangereux, le but qu'on se propose est d'éviter de tomber au centre de la tourmente.

Route réelle sur la mer, mais non route apparente par rapport au cyclone
1
2
3
1
2
3
1
2
3
4
4
5
4
Côté maniable
Côté dangereux
Route réelle du navire par rapport au cyclone, en fuyant, le cap à l'Ouest.
Route réelle du navire par rapport au cyclone, en fuyant, le cap à l'Ouest.
Equateur terrestre

Route réelle par rapport au cyclone
Côté maniable
Côté dangereux
5
4
3
4
3
3
2
3
2
1
2
1
2
1
Route apparente
Route apparente

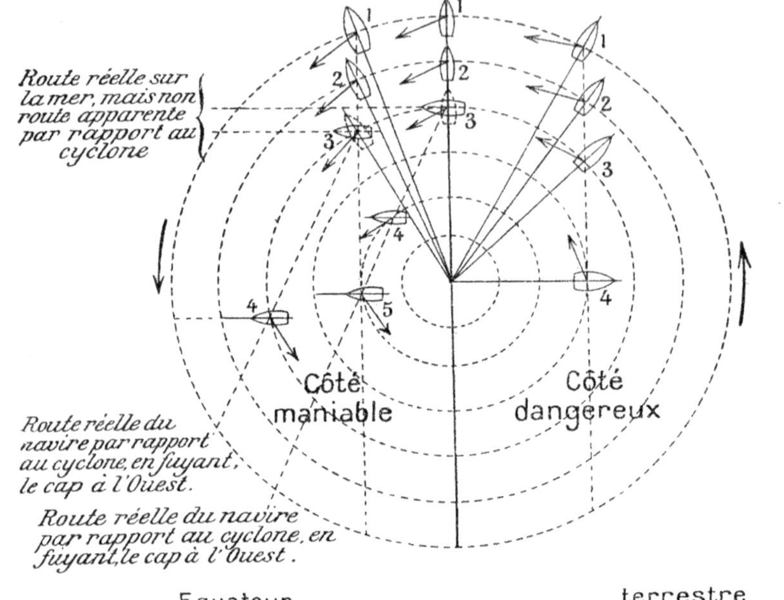

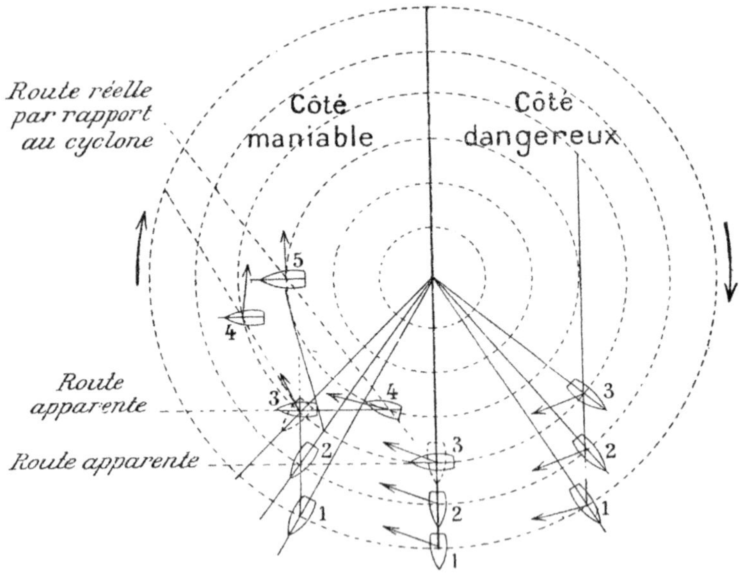

Fig. 66.

Recherche de la position du centre. — Bien que les manœuvres indiquées dans le paragraphe qui précède soient générales et n'exigent aucunement la connaissance de la position du centre du cyclone, et du parcours probable de ce centre, le capitaine, soucieux de se rendre compte des choses, peut désirer connaître à quelle distance le centre du météore va passer par rapport à son navire.

Observons d'abord que le centre peut à première vue être déterminé en direction de la manière suivante : si on fait face au vent, le centre est à *main droite* dans l'hémisphère *Nord*. Il est à *main gauche* dans l'hémisphère *Sud*. C'est la loi de Piddington.

Si on observe que les directions du vent sont toujours centripètes, on aura dans l'hémisphère Nord, le centre à main droite en faisant face au vent, mais sur l'arrière de la main, d'une quantité variable avec la latitude. Dans l'hémisphère Sud on aurait le centre à main gauche, mais toujours sur l'arrière de la main comme dans l'hémisphère Nord.

Tracé de la trajectoire. — Supposons qu'étant en cape initiale, ou au mouillage, on ait noté, à des époques différentes T, T′, T″, les directions du vent. Supposons, pour fixer les idées, que nous soyons dans l'hémisphère Sud. Les observations de midi, de deux heures et de trois heures trente, ont donné les vents apparents : N.-E., E.-N.-E., E. 1/4 S.-E.

Si on admet que le cyclone marche en ligne droite, avec une vitesse uniforme (c'est admissible pendant quelques heures), que la convergence des vents vers le centre est de 30° (grosso modo), que, dans les parages où est le navire, la vitesse probable du cyclone est de 16 milles à l'heure, on en conclura que le centre du cyclone est, aux trois époques indiquées, sur des droites faisant avec les trois vents indiqués des angles de 120° à porter vers la gauche. Le centre est donc successivement sur

des droites orientées au N. 75° O, au N. 52° O et au
N. 19° O. On tracera ces trois droites, et alors on sera
ramené à insérer entre ces lignes une sécante dont les
segments soient égaux aux chemins parcourus par le centre
dans les intervalles T′ — T et T″ — T′, soit 32 milles
et 24 milles dans notre exemple. Pour cela, de chaque

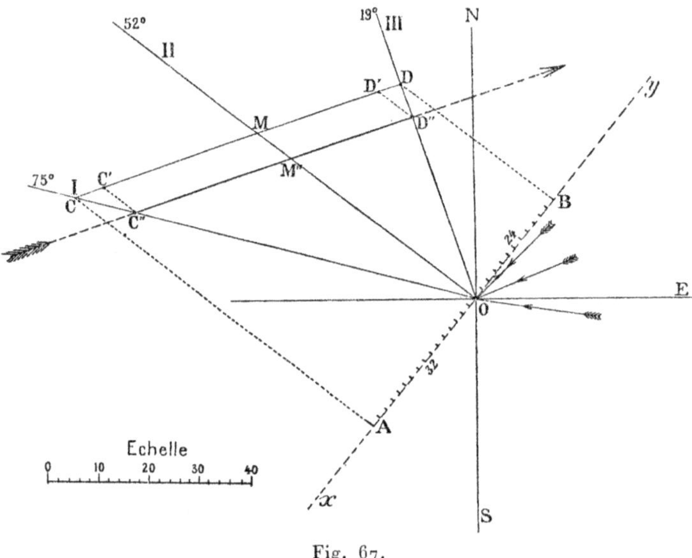

Fig. 67.

côté du point O., je porte, à une échelle arbitraire, des
longueurs OA, OB, égales à 32 et 24 milles, sur un axe
xy perpendiculaire à la direction II. Par les points A et
B je mène AC, BD, perpendiculaires à l'axe xy. La sécante CMD est divisée en M en parties proportionnelles
à OA, OB, mais elle est plus longue, en général, que AB.

Pour ramener la sécante à être égale à AB, je prends,
de chaque côté du point M, des longueurs MC′, MD′ égales
à OA, OB, et par les points C′, D′, je mène de nouvelles
perpendiculaires à l'axe. Ces perpendiculaires rencontrent les directions I et III aux points C″, D″. Je joins

$C''D''$ et j'obtiens la trajectoire $C''M''D''$ du cyclone en grandeur et en direction.

L'inspection du dessin montre que, dans l'exemple choisi, je suis dans le côté maniable et que la route à faire pour fuir perpendiculairement à la trajectoire, est sensiblement le S. 1/4 S.-E. Mais le dessin indique d'autre part que le centre est passé, puisque la perpendiculaire abaissée du point O sur la trajectoire, tombe à vue en D''. Il n'y a qu'à attendre patiemment à la meilleure cape possible, comme voilure et comme amures, que le mauvais temps cesse, pour faire route.

Remarquez que si on ignorait la vitesse réelle de translation, le dessin précédent indiquerait alors seulement la direction de la trajectoire sans rien donner sur sa distance réelle par rapport au navire.

Méthode de l'amiral Fournier. — Dans la *Revue Maritime* de février 1901, l'amiral Fournier indique, pour le tracé de la trajectoire, le procédé suivant :

Soit P la pression barométrique initiale. Nous appellerons ainsi la pression maxima constatée au début, diminué de 3^{mm}, pour tenir compte du bourrelet d'air refoulé par le cyclone.

Soit ensuite P', P'', deux autres pressions consécutives aux instants T', T'', et D', D'' les distances du centre au navire à ces instants. On peut admettre que les variations de pression sont inversement proportionnelles aux distances ; on aura donc :

$$\frac{P - P''}{P - P'} = \frac{D'}{D''} .$$

Exemple : L = 30° N.

Angle du vent et du gradient = 60° (grosso modo).

Hauteur initiale du baromètre, à $2^h,759^{mm}$; à $3^h,750^{mm}$, avec vent de N., et, à $4^h,749^{mm}$ avec vent de N.-E. A 2 h., le centre était sensiblement dans la direction du S 60 E, puisque le vent était Nord. Supposons, qu'à ce moment, nous l'estimions être à 100 milles du navire,

on aura : $D' = 100$.

Il s'agit de trouver D''.

On aura :

$$P = 759 - 3 = 756$$
$$P' = 750.$$
$$P'' = 746$$

La formule donne :

$$\frac{756 - 746}{756 - 750} = \frac{100}{D''},$$

ou

$$\frac{10}{6} = \frac{100}{D''};$$

d'où

$$D'' = 100 \times \frac{6}{10} = 60 \text{ milles.}$$

Le centre se trouve donc, à 3 h., à 60 milles du navire, O, dans la direction du S15E (puisque le vent est N.-E.).

On tracera donc par le point O les directions S60E

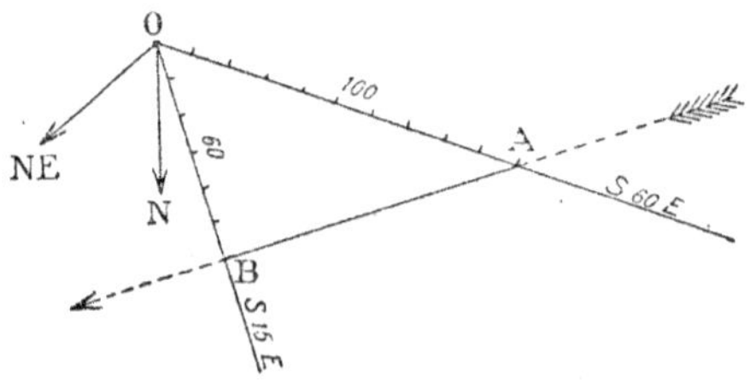

Fig. 68.

et S15E et on portera sur ces directions des segments OA, OB proportionnels à 100 et à 60. La direction AB est la trajectoire du centre du cyclone, au moins en direction, car la première distance portée est éminemment sujette à caution.

De la cape à choisir dans un cyclone. — Le bâtiment en cape dans un cyclone aura forcément une voilure très réduite, s'il n'est même obligé de demeurer en cape sèche.

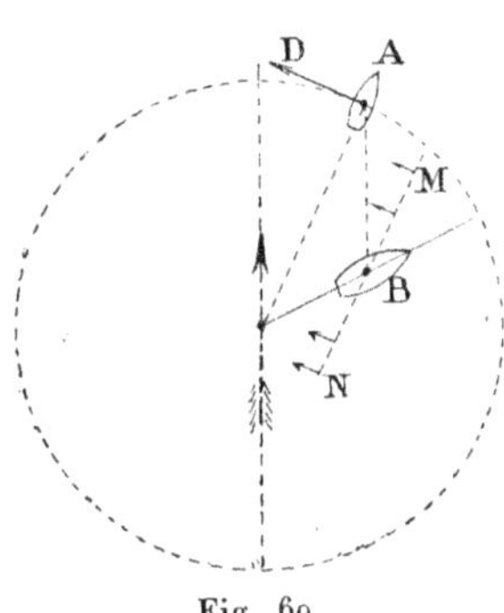

Fig. 69.

Sa position d'équilibre sera donc le vent de travers à peu de chose près. Au point de vue de la dérive vers le centre il n'y a guère d'avantage, par suite, à prendre la cape tribord amures plutôt que bâbord amures. Mais une raison majeure déterminera le choix de la cape. Comme, dans l'hémisphère Nord, le tourbillon tourne en sens contraire des aiguilles d'une montre, un navire qui se trouvera engagé en A dans le demi-cercle dangereux, va au bout de quelques heures se trouver en B. Si le cyclone n'avançait pas, les lames créées par le vent seraient perpendiculaires au vent et seraient orientées à peu près suivant les rayons du cyclone. Mais la lame met un certain temps à se former. La lame qu'on reçoit en B est une lame qui a été créée par un vent antérieur de direction AD. Cette lame a sa crête orientée suivant MN et s'avance perpendiculairement à MN. Par suite, le navire ayant loffé en venant de A en B, *il faut*, pour qu'il prenne cette lame par le bossoir et non par la hanche (position dangereuse), que la cape soit tribord amures.

On verrait de même qu'il faut prendre la cape initiale bâbord amures pour l'hémisphère Sud.

C'est par les mêmes raisons qu'ayant fui devant le temps, au même azimut si on est sur la direction de la trajectoire ou dans le demi-cercle maniable, il faut généralement changer d'amures une fois que la rotation de la brise a ramené le navire en cape, sans quoi on aurait le plus souvent la lame de la hanche, position très dangereuse.

Signes précurseurs d'un cyclone. — A. L'*ondulation d'ouragan* est une sorte de houle très longue qui se propage très loin du lieu attaqué par le cyclone. On l'attribue à une élévation du niveau de la mer causée par la baisse barométrique. Cette houle va souvent donner naissance loin de là à une agitation anormale (sans vent) dans un port, une baie, une rivière, et produire le phénomène connu sous le nom de *Ras de marée*, causant parfois des inondations considérables.

B. La marée barométrique cesse souvent 48 heures avant le cyclone. L'absence de la marée dans la zone torride doit éveiller l'attention.

C. Le baromètre, après une hausse subite, se met à baisser rapidement.

D. Avant le commencement de la tempête, un nuage épais se forme dans la direction où le cyclone va éclater. Il est très noir près de l'horizon, d'une couleur cuivrée près de son bord supérieur, de plus en plus clair près de son bord extérieur qui est d'un blanc très vif.

L'aspect de ce nuage est très étrange. Il apparaît souvent douze heures avant la tempête. Quand ce nuage atteint le navire, la tempête éclate.

Description de l'apparence du cyclone. Calme central, œil de la tempête. — Quand le cyclone a éclaté, le vent souffle de suite avec une fureur extrême. Souvent des éclairs aveuglants et une pluie torrentielle accompagnent l'ouragan. Le baromètre baisse de plus en plus. Puis au bout de 10, 12, 15 heures, si on est sur la trajectoire du centre, la brise tombe brusquement après avoir gardé la même direction. Le calme est parfois si complet qu'une bougie peut tenir allumée sur le pont (Bridet, cyclone du 1ᵉʳ avril 1858 à Mozambique). Ce cercle de calme peut avoir 10, 15 et peut-être 30 milles de diamètre. Des navires y sont restés jusqu'à 12 heures ; mais le plus généralement la durée de ce calme est de 2 ou 3 heures. Cette durée dépend et du diamètre du *calme central* et de la vitesse de translation de l'ouragan. Tout paraît rentré dans l'ordre. Le vent, la pluie, les éclairs, les grondements du tonnerre ont cessé. Parfois, à ce moment, le ciel s'éclaircit au zénith, un cercle bleu apparaît : c'est l'*œil de la tempéte* (1). Mais bientôt, brusquement, comme un coup de fouet, la tempête reprend ; le vent a sauté de 180° et les mêmes fureurs du vent et de la mer viennent assaillir le navire. Le baromètre pourtant remonte graduellement et le vent finit par s'apaiser tout en gardant la même direction nouvelle.

Manœuvre préventive de l'amiral Cloué. — Un navire qui reçoit un cyclone est tellement exposé à périr, qu'il y a lieu de s'efforcer de l'éviter ; autrefois, sur les navires à voiles, c'était bien difficile. Aujourd'hui la chose paraît possible grâce aux grandes vitesses que la vapeur communique aux navires.

Si, sous les tropiques, pendant la saison et dans les parages à cyclone, le baromètre baissant d'une manière inquiétante, on voit apparaître à l'horizon le nuage précurseur de l'ouragan, on pourra de suite prendre à toute vitesse une direction perpendiculaire à la route probable

---

(1) Subitement une grande clarté se fit ; la pluie discontinua, les nuées se désagrégèrent. Une sorte de haute fenêtre crépusculaire s'ouvrit au zénith, et les éclairs s'éteignirent. C'est à cet instant-là, qu'au plus noir de la tempête, apparaît, on ne sait pourquoi, pour espionner l'effarement universel, ce cercle de lueur bleue que les vieux marins espagnols appellent l'œil de la tempête, *el ojo del tempestad* (Victor Hugo, *Les Travailleurs de la Mer*).

du tourbillon d'après les instructions nautiques pour la région où est le navire. Ainsi, par 15° de latitude Nord, si le navire en A, ayant le cap au N.-O., aperçoit dans le N.-E. le nuage précurseur du cyclone, comme, en ces parages, la direction probable de la trajectoire est l'O.-N.-O., il faudra mettre le cap au S.-S.-O. perpendiculairement à cette direction. On verra bientôt le relèvement du nuage tourner au N.-N.-E. et au N. La houle et le baromètre ayant averti 12 heures à l'avance de l'approche du cyclone, on a le temps de s'écarter de sa route suffisamment pour être à l'abri de ses atteintes.

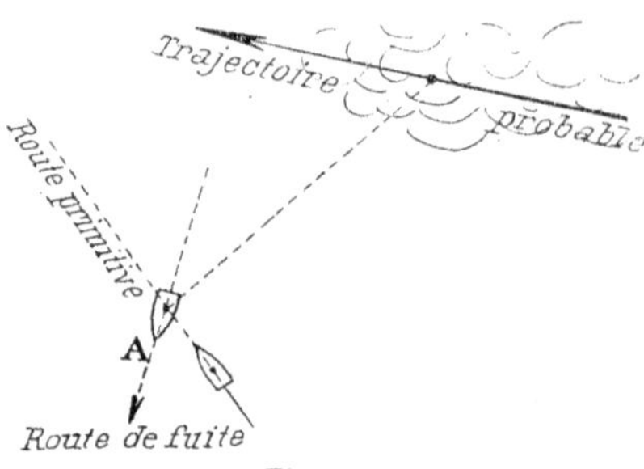

Fig. 70.

Si on était près d'un port bien abrité, comme il en existe dans les mers de Chine (ports à typhons), il faudrait aller s'y réfugier et là prendre toutes les dispositions de mauvais temps.

Si, au contraire, le navire est mouillé dans une rade foraine, on doit allumer les feux et prendre le large, comme cela est indiqué à Bourbon, afin d'éviter un naufrage à peu près certain.

Précautions à prendre au mouillage. — Si, de toute nécessité, on est obligé de recevoir un cyclone au mouillage, il est évident qu'on doit exagérer les précautions indiquées pour recevoir un coup de vent sur ses ancres. Il faudra caler la mâture haute, saisir les dromes, embarcations, etc., etc., tenir prêt le paillet Makaroff, si on en possède un, avoir la barre de rechange prête, les palans de drosse en place, les pompes visitées prêtes à fonctionner. Enfin et surtout il faudra avoir les feux allumés, et, ayant mouillé plusieurs ancres, alléger l'effort des chaînes en faisant machine en avant. On aura soin de stopper pendant le calme central, s'il passe sur le navire et on tâchera d'éviter le navire l'avant à la direction connue d'où la renverse va avoir lieu. On ne se fiera pas à l'accalmie du centre. On ne mettra aucune embarcation à la mer sous quelque prétexte que ce soit, car la renverse éclatera, comme un coup de foudre, au moment où on s'y attendra le moins.

ARTICLE II. — COUPS DE VENT DES
ZONES TEMPÉRÉES

Circulation générale de l'atmosphère dans les zones extratropicales. — Nous avons dit que, dans la zone torride, on pouvait considérer le mouvement général de l'atmosphère comme formé de deux couches de vents superposées : au ras du sol les alizés, ayant une hauteur variable entre 8 000 m. et zéro, en allant de leur limite équatoriale à l'autre limite extrême en latitude, et les contre-alizés se dirigeant en sens contraire au-dessus des alizés, la surface de séparation des deux couches allant en s'abaissant jusque vers 25° ou 30° de latitude suivant les saisons. Mais, les méridiens se resserrant, il doit y avoir certainement des conflits, surtout à partir du moment où le contre-alizé atteint la surface terrestre pour se diriger vers le Nord. La forme des continents interviendra aussi sur une grande échelle pour orienter les courants ainsi formés. La température extrêmement variable qui y règne, le contact de l'air avec le courant chaud du Gulf Stream, dont nous ferons la description plus tard, produisent des perturbations telles que les lois si remarquables de la circulation atmosphérique dans la zone torride sont à chaque instant bouleversées dans les zones tempérées. Sur les Océans, il se forme pourtant, sous les influences dont nous venons de parler, une circulation relativement régulière dont M. Brault semble avoir le premier posé clairement la loi. Mais sur les continents où un îlot de calmes assez régulier s'établit assez souvent, les causes de bouleversement sont fréquentes ; les saisons modifient constamment la température et rarement les courbes isobares conservent plusieurs jours de suite leur même forme. Dans l'hémisphère Sud où les continents ont moins d'importance, il y aura un peu plus de régularité et là, comme l'indiquent les cartes de M. Brault, les vents généraux d'Ouest seront toujours prédominants. En résumé, dans les régions tempérées, l'équilibre général de l'atmosphère est forcément instable et, au moment des changements de saison, on doit s'attendre à des dépressions barométriques considérables en différents points de la zone tempérée. Si, par exemple, une dépression se forme sur l'Amérique du Nord, un tourbillon analogue aux cyclones va se créer, pour les causes que nous avons expliquées. Il sera d'autant plus violent que le gradient barométrique sera plus considérable. Ce tourbillon une fois formé, entraîné par les vents généraux d'Ouest, se dirigera vers les côtes d'Europe, et s'il ne s'est pas désorganisé en route, ce qui se présente à peu près 60 fois sur 100, il attaquera l'Irlande d'abord, puis l'Angleterre et les côtes occidentales de France (1).

Marche des tourbillons, bourrasques ou tempêtes de S.-O. — Dans l'hémisphère Nord, par les mêmes raisons qui expliquent la formation des cyclones, la bourrasque aura, à son origine, un mouvement de rotation en

----

(1) Remarquons que, comme pour les cyclones, le tourbillon n'emportera pas avec lui les masses d'air en mouvement, mais que ce sont des masses d'air différentes qui, successivement, entrent dans le mouvement tourbillonnaire. A l'avant du tourbillon, les isobares sont plus serrées et le vent plus violent.

sens inverse des aiguilles d'une montre. Les isobares indiqueront une forte dépression barométrique. Leur forme, au début, sera à peu près circulaire. Le vent est d'autant plus violent que les isobares sont plus rapprochées. La vitesse de translation est faible au début. A mesure que le tourbillon avance, sa vitesse de translation augmente. Plus tard les isobares *s'allongent,* se *déforment* et cela d'autant plus que la bourrasque se désorganise davantage. Parfois deux tourbillons voisins se rapprochent et se fondent ensemble. Nous étudierons plus loin les diverses combinaisons qui peuvent résulter de ces rapprochements.

Ce qui distingue les bourrasques des cyclones, c'est que, au moins dans le golfe de Gascogne, la Manche, et sur les côtes d'Angleterre, leur vitesse de rotation est peu différente de la vitesse de translation (1).

La vitesse de translation varie entre 15 et 30 milles à l'heure. La vitesse de rotation demeure entre les mêmes limites.

Si on reçoit la bourrasque dans sa partie Sud, le vent sera O. ou O.-S.-O. selon la direction de la trajectoire.

Si on est sur la trajectoire du centre, le vent commencera à souffler du S.-O. et ne changera pas avant que le centre du tourbillon ait atteint le navire. Alors, le baromètre remontera, et le vent sautera au N.-O., souvent après un grain violent. Le thermomètre baisse généralement à ce moment et le ciel se dégage dans l'Ouest et le Nord. Les dimensions des tempêtes de S.-O. tournant au N.-O. sont considérables. Elles couvrent parfois un

---

(1) Il n'y a que des différences de détail entre les cyclones ou typhons et les bourrasques. Tous ces phénomènes appartiennent à une même famille et ont la même constitution générale. Le mot cyclone a été employé pour désigner les tempêtes des régions tropicales avant qu'on n'eût reconnu le caractère tourbillonnaire des tempêtes des hautes latitudes, qui ne diffèrent du cyclone par aucun caractère réellement essentiel.

espace embrassant 15 à 20° en latitude. Ainsi la bourrasque du 10 octobre 1878 vint balayer successivement,
dans sa partie méridionale, tout le Nord de l'Europe,
limitée au Sud par une ligne oblique partant du cap Fi-
nisterre en Espagne et traversant le continent de

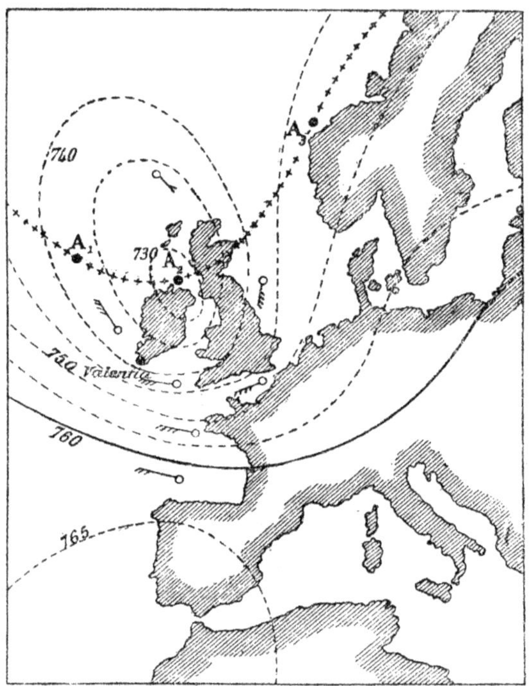

Fig. 71.

l'O.-S.-O. à l'E.-N.-E., le centre passant au N. de la
Norvège. C'est là ce qui explique, comme nous l'avons
dit, l'exactitude apparente de la loi de Dove : *le vent (la
girouette) paraît tourner successivement, dans le même
lieu, comme les aiguilles d'une montre,* parce qu'on ne
perçoit que la partie méridionale de la bourrasque, sa
partie septentrionale visitant des lieux dépourvus d'ob-

servatoires. La règle de Buys-Ballot, au contraire (qui est, somme toute, la généralisation de celle de Paddington pour les cyclones), se vérifie ici d'une manière précise. Ainsi, en faisant face au vent le long de l'isobare 760, on a bien les basses pressions à main droite, les hautes à main gauche. Buys-Ballot énonce la règle à rebours en tournant le dos au vent, ce qui revient identiquement à notre énoncé.

Utilisation des bourrasques pour la navigation dans l'Atlantiqne Nord. — Nous avons vu que dans les bourrasques et tempêtes des régions tempérées la vitesse de rotation est peu différente de la vitesse de translation. Dans la saison d'été, la vitesse de translation est généralement plus faible que la vitesse de rotation. Celle-ci elle-même n'est pas dangereuse à la partie septentrionale de la dépression. Comme la rotation a lieu en sens inverse des aiguilles d'une montre, il y a là des vents de la partie Est. Un navire qui veut traverser l'Atlantique, pour aller d'Europe en Amérique, a donc, pendant l'été, avantage à remonter vers le Nord s'il rencontre sur sa route le commencement d'une bourrasque. Dans la partie Sud, au contraire, on rencontrera des brises fraîches d'Ouest ou d'O.-S.-O. Si la route à faire est l'Est, ces brises ont une direction favorable. On pourra les utiliser si elles ne sont pas trop violentes. L'hiver, il est probable qu'on serait obligé de prendre une allure de fuite. Alors, en descendant plus au Sud, on sortira de la tourmente. Toutes ces manœuvres sont possibles, en plein Océan, avec les navires à vapeur à grande vitesse (1).

Près des côtes d'Europe le vent souffle généralement

---

(1) Ainsi que nous l'avons fait remarquer, il arrive fréquemment qu'une bourrasque ayant pris naissance sur les côtes des États-Unis ou du Canada se désorganise à mi-route, entre l'Amérique et l'Europe. Il arrive encore fréquemment, qu'en approchant de l'Europe la trajectoire générale s'infléchisse au N.-E. ou au contraire tende à descendre au S. ou au S.-E.

en tempête. On sera presque toujours obligé de prendre la cape, comme cela arrive dans le golfe de Gascogne quand le coup de vent de S.-O. éclate.

ARTICLE III. — PERTURBATIONS LOCALISÉES DE L'ATMOSPHÈRE

Causes des perturbations localisées. — En dehors des grandes perturbations de l'atmosphère, comme les cyclones, qui, partant de la zone torride, décrivent une immense parabole pour venir se terminer par 4o ou 45° de latitude, et des bourrasques de S.-O. qui traversent tout l'Atlantique de l'O. à l'E., le marin rencontre encore des perturbations de moindre étendue et de faible durée, comme les grains, les trombes, les tornades, etc.

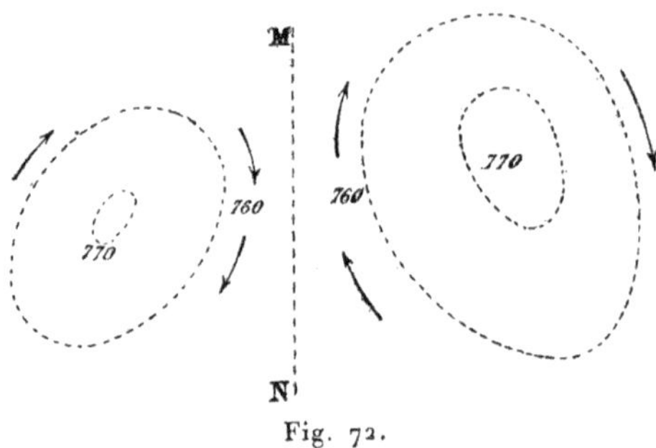

Fig. 72.

L'origine de ces mouvements particuliers de l'atmosphère tient, selon toute probabilité, à des différences d'hygrométricité et de température entre deux points voisins, et aussi, fréquemment, à la rencontre de deux courants de directions opposées ou angulaires qui, en se frôlant, produisent des tourbillons aériens de petites dimensions, analogues à ces tourbillons d'eau que l'on peut constater près des piles des ponts dans les rivières, ou encore à ces tourbillons d'air qui, au coin des rues, soulèvent les poussières et les objets légers, et se transportent ensuite à d'assez longues distances.

Cette rencontre de deux courants peut se produire quand deux centres de haute pression sont contigus (fig. 72).

Dans la région MN, les molécules se frôleront en sens contraire, et il pourra se former des grains secs, si l'état atmosphérique est le même, des trombes si l'air est chargé de vapeur d'eau, des grains noirs si l'état hygrométrique est différent à droite et à gauche de MN. Supposez deux centres de basse pression voisins, inversez le mouvement; la région MN sera encore agitée par des tourbillons, probablement plus violents, plus chargés d'humidité que dans le premier cas, le vent étant modéré autour des centres de haute pression, violent autour des centres de basse pression. Si on suppose enfin voisins un centre de haute pression et de basse pression, l'état hygrométrique étant généralement très différent, ainsi que la température, il y aura encore dans la région MN de petits tourbillons qui se formeront emportés par le vent le plus fort ; il y aura encore des grains et des grainasses qui feront fraîchir la brise par intervalles.

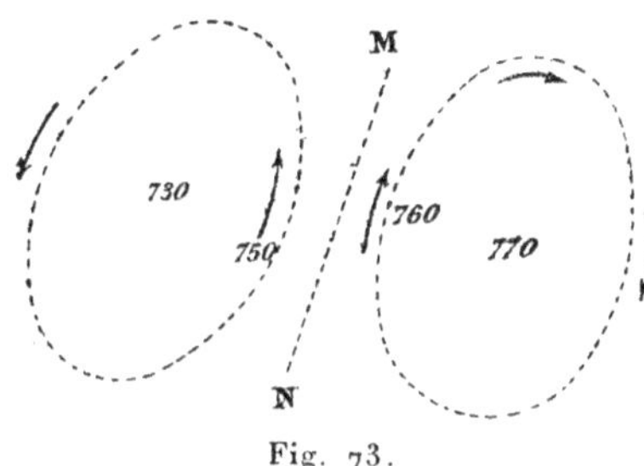

Fig. 73.

Enfin on peut remarquer que si, dans un tourbillon, l'air a un mouvement centripète au ras du sol, plus haut, ce mouvement devient circulaire, et, plus haut encore, divergent. Il en résulte évidemment des frôlements, des mélanges de masses d'air à des températures et des degrés d'hygrométricité différents. Ces rencontres suffisent à comprendre l'origine du *grain*.

Grains ordinaires ou grains noirs. — Le grain noir est
un tourbillon de petites dimensions, 1/4 de mille ou
1 mille par exemple, qui emporte avec lui un nuage
épais. Ce nuage paraît se lever à l'horizon. Poussé
par la brise régnante, il envahit graduellement le ciel,
et au moment où le
sommet de la nuée est
à 40 ou 50° au-dessus
de l'horizon, le vent et
la pluie commencent, le
grain éclate. On peut
considérer le grain
comme formé par un
tourbillon de forme cy-
lindrique. Ce cylindre

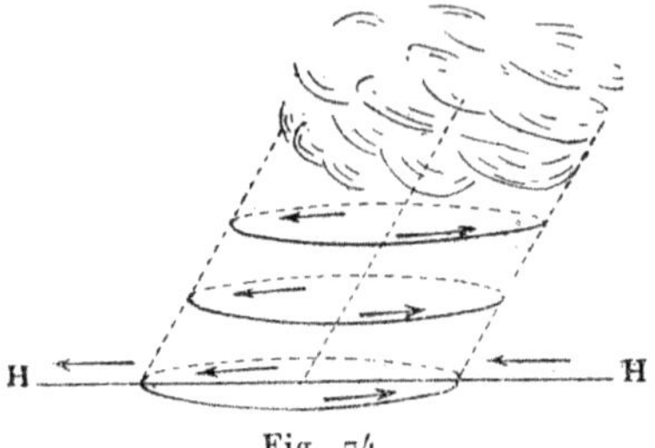

Fig. 74.

se meut, son axe incliné d'environ 45° sur l'horizon. Les
molécules d'air tournent dans des plans à peu près
horizontaux dans ce cylindre, *sans qu'on puisse dire à
l'avance* dans quel sens (fig. 74).

C'est là ce qui fait le danger du grain.

Si le navire est en A (fig. 75), la brise régnante va sau-
ter brusquement de plusieurs quarts, au moment où le
grain éclatera. Ainsi, dans le cas de notre figure, si le navire était au plus près bâbord amures, le grain l'atta-
quant en A, masquera toutes ses voiles. Le contraire
aurait lieu pour un navire tribord amures. Mais comme
on ignore comment tourne un grain qui se lève à l'horizon, la prudence exige qu'on cargue *à l'avance la brigan-
tine et la grand' voile,* qu'on porte plein, prêt à mettre
la barre au vent si la saute de vent menaçait de se produire au début du grain. Bien entendu le clin-foc, les
cacatois auront été serrés à l'avance.

Si le grain attaque le navire en B, la brise régnante
augmentera en apparence de force sans changer notablement de direction. En C, elle paraîtra ou tomber ou
changer de 180° selon le rapport des vitesses. Observons

encore que, sur la ligne du centre, on devra s'attendre à une saute de vent après le passage du centre, et à une nouvelle saute de vent quand la brise actuelle reprendra

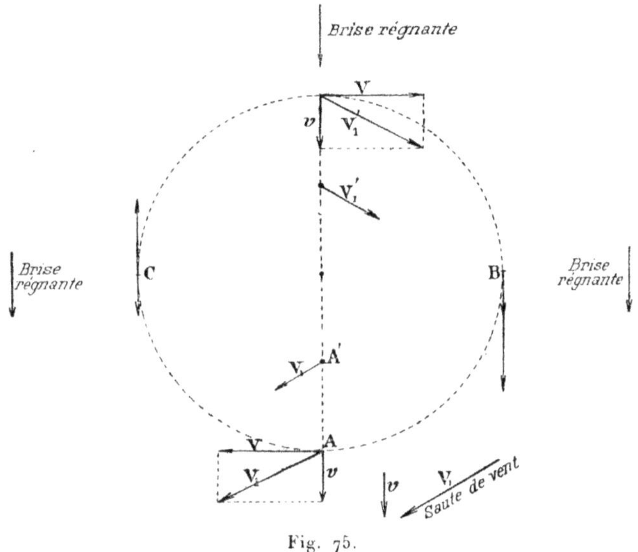

Fig. 75.

son cours, mais souvent il y aura une petite accalmie avant cet instant.

Grain blanc ou sec. — La différence qui sépare le grain blanc du grain noir, c'est que ce grain arrive sans être annoncé par une nuée épaisse. Tout au plus si un petit nuage blanc courant rapidement dans le ciel vient déceler sa présence. On n'est averti de l'arrivée de ce grain blanc ou sec qui ne donne pas de pluie, que par la mer qui, tout à coup, se met à moutonner sous l'action de la risée. Il faut donc bien veiller afin de n'être pas surpris par un grain sec, ayant toute la toile dessus. Ces grains sont rares en pleine mer, plus fréquents près des terres hautes à découpures profondes. On peut les attribuer à la rencontre de deux courants d'air, à une même température et au même état d'hygrométricité.

Tout ce que nous avons dit du grain noir peut s'appliquer au grain blanc.

Grains arqués. — Ces grains annoncent leur approche par un immense nuage arqué dont les pieds semblent reposer sur l'eau. Ce nuage est d'autant plus noir que le grain donnera plus d'eau, et le vent d'autant plus violent que l'arc est mieux accentué. Les nuages paraissent rouler sur eux-mêmes ; souvent même le phénomène est accompagné d'éclairs et de tonnerre. Le grain arqué paraît constitué par un tourbillon qui a son axe dans les régions supérieures de l'atmosphère, l'axe étant horizontal ou peu incliné sur l'horizontale.

Quand le sommet du grain atteint 40° environ, le vent éclate avec une telle violence que les voiles seraient emportées, si on ne les serrait et rabantait avant l'arrivée du grain arqué.

Les grains arqués, dont les tornades du Sénégal et les Pampéros de la Plata sont des cas remarquables, ne sont pas des cyclones, bien que le vent puisse y atteindre la même violence. Mais ces phénomènes n'embrassent qu'un espace restreint de quelques milles carrés. Leur durée n'est guère que de une heure à une heure et demie, et les variations du vent ne dépassent pas généralement 90°.

Tornades. — Pendant l'hivernage (mai à septembre) sur la côte N. du Sénégal, les tornades sont fréquentes. Elles s'annoncent assez longtemps à l'avance par un nuage très dense, à teinte cuivrée le jour, très noir la nuit, souvent le siège de phénomènes électriques.

Le vent souffle avec violence du N.-E. au début de la tornade ; tourne ensuite à l'E. et au S.-E. (d'où le nom de *tornade*), puis passe au S. et au S.-O. avec pluies torrentielles. Parfois le grain vient de l'Est ou du S.-E. et tourne en sens contraire ; mais cela est plus rare et ces tornades sont plutôt un orage local qu'une véritable tornade.

Le baromètre ne permet pas de prévoir les tornades.

On rencontre encore des tornades dans le golfe de Guinée. Le vent souffle alors du N.-O. pour tourner à l'O. et au S.-O. On doit recevoir les tornades à sec de toile.

Pampéros. — Les pampéros de la Plata sont des grains arqués très violents. Ils s'annoncent par un nuage sombre qui envahit le ciel, laissant en dessous de lui une éclaircie, de sorte que l'ensemble dessine un arc très régulier, sillonné d'éclairs. Le vent commence à souffler quand l'arc est élevé de 40° au-dessus de l'horizon.

Le vent souffle du S.-O., puis passe au Sud et au S.-E. Comme pour les tornades, il faut recevoir les pampéros à sec de toile.

Trombes. — Les trombes sont des météores d'aspect curieux. A un moment donné, par temps calme ou faible brise, on voit un gros nuage noir dont une partie semble s'abaisser en forme de cône la pointe en bas. Ce cône descend plus ou moins obliquement et finit par atteindre la surface de la mer.

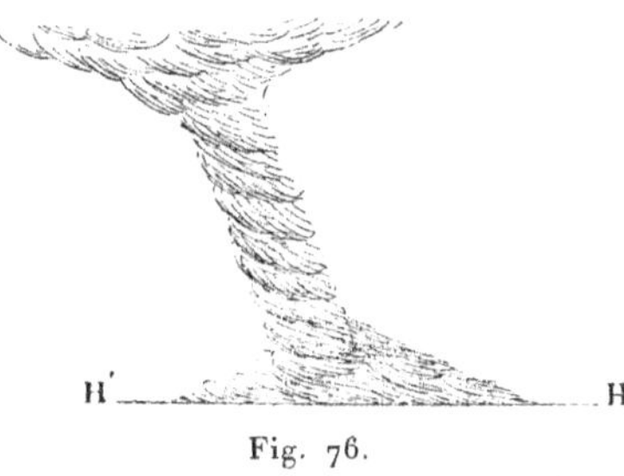

Fig. 76.

Alors à son tour, l'eau de la mer, sous forme d'embruns, s'élève et forme un cône qui vient s'unir à celui qui descend du nuage. Un sifflement particulier se fait entendre produit par la rotation extrêmement rapide de ce petit tourbillon. La trombe généralement se déplace assez rapidement. Elle peut pourtant demeurer stationnaire. Elle se disloque ensuite, les deux cônes se séparant, et tout rentre dans l'ordre.

Pour nous, les trombes sont dues à la rencontre de deux courants d'air de directions opposées qui passent à se frôler. Elles sont fréquentes dans la mer Adriatique où les brises de terre vont en convergeant chaque jour vers l'axe de cette mer, produisant ainsi, par beau temps, des conflits qui amènent de petits tourbillons, origines des trombes.

Il peut se produire des phénomènes électriques dans les trombes ; mais nous ne croyons pas que l'électricité soit la cause de la trombe. Elle nous en semble être plutôt l'effet et s'explique facilement si on suppose que les deux masses d'air qui se rencontrent sont à des tensions électriques différentes.

Les trombes sont rares dans l'Atlantique et la Manche. Nous en avons pourtant observé une fort remarquable à Dunkerque, par beau temps, au mois d'août 1895. Elle s'est formée en mer à 300 m. environ de la plage et s'est déplacée vers l'Est pendant environ 1 500 mètres avant de se disloquer. Une seconde a avorté peu de temps après.

Le mieux, quand une trombe approche, est de tâcher de l'éviter sur un vapeur ; mais, comme son mouvement est irrégulier, elle peut tomber à bord malgré tout. Il est bon de fermer les panneaux pour éviter l'eau qu'elle transporte avec elle. Un voilier doit prudemment carguer et serrer ses voiles, qui, sans cela, peuvent être déchirées par la violence du vent.

Les trombes, sur terre, peuvent causer de grands dégâts, déracinant les arbres, renversant des murs, enlevant des toitures de maisons. C'est ainsi que les États-Unis d'Amérique, et principalement les vallées de l'Ohio, du bas Missouri et du Mississipi, surtout en avril, mai, juin et juillet, sont exposés à des trombes fréquentes d'assez grande dimension, qu'on appelle *tornados* ; ces trombes produisent en ces régions des ravages considérables. Heureusement que la surface balayée est restreinte, tant est redoutable la violence des effets de ces météores.

Électricité atmosphérique. — On ignore, à peu près entièrement, la cause de l'électricité répandue dans l'atmosphère ; mais on constate, par des expériences directes, que l'air est électrisé positivement, le potentiel de cet air allant en croissant, par un ciel serein, à mesure qu'on s'élève dans l'atmosphère. Un nuage, par lui-même, a, en général, la tension du milieu ambiant ; mais une chute de pluie détermine un dégagement abondant d'électricité positive, entourée d'une zone d'électricité négative, suivie elle-même d'une autre zone d'électricité positive. La limite de séparation des zones en question est alors à la tension zéro. On conçoit que, dans ces conditions, des nuages à des potentiels différents se trouvent rapprochés suffisamment par les vents pour qu'entre ces nuages une étincelle puisse jaillir.

Orages. — L'orage, pour le vulgaire, consiste uniquement dans l'approche de deux nuages à potentiel différent, d'où étincelle électrique produisant le phénomène lumineux appelé *éclair*, et le bruit connu sous le nom de *tonnerre*.

Pour le météorologiste, les manifestations électriques, la pluie, la grêle, ne sont que des accidents locaux de l'orage. Pour lui, l'orage consiste dans la formation et le déplacement d'un cumulo-nimbus orageux, avec ou sans accompagnement de phénomènes électriques. Supposons qu'en une certaine région, A, la chaleur solaire se soit accumulée d'une façon anormale. Il y aura courant ascendant rapide et formation d'un cumulo-nimbus causé par l'arrivée dans les régions plus élevées, qui sont plus froides, d'un air chaud et chargé de vapeur d'eau invisible. Un courant descendant, B, tendra à remplacer les masses d'air qui montaient en A. Entre A et B, en C, des tourbillonnements à axes horizontaux pourront se produire.

Les manifestations électriques peuvent faire défaut : le phénomène fondamental est la formation du cumulo-nimbus formé par la condensation de la vapeur d'eau

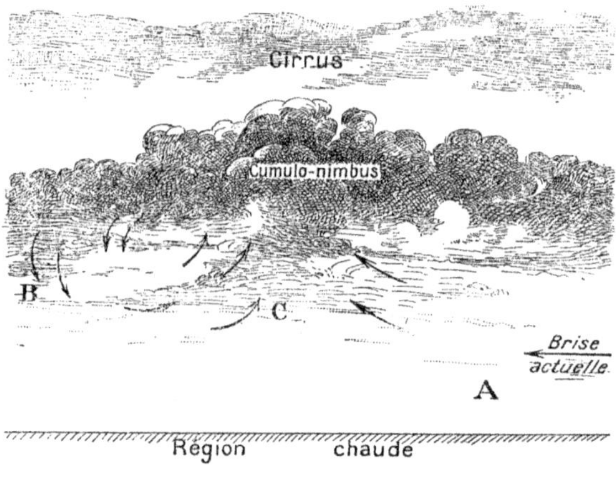

Fig. 77.

dans le courant ascendant émané de A. Si cette condensation est suffisante, la pluie se produira, et cette pluie faisant varier le potentiel du nuage, des phénomènes électriques *pourront* se produire.

Foudre. Éclair. Tonnerre. — L'*éclair* est le phénomène lumineux qui accompagne la décharge électrique au travers de l'air. Cette décharge constitue ce qu'on nomme la *foudre*. Le bruit qui accompagne la foudre prend le nom de *tonnerre*.

L'étincelle électrique ou éclair a souvent plusieurs kilomètres de long. Si on la photographie, on constate qu'au lieu d'avoir l'aspect d'une ligne brisée, ABCD, ainsi qu'on la représente communément, elle offre l'apparence d'une racine d'arbre avec des radicelles plus fines, EFGHKIM.

Le fracas de la foudre, quand le tonnerre succède immédiatement à l'éclair, est comparable à un craquement brusque : c'est le bruit même de la décharge.

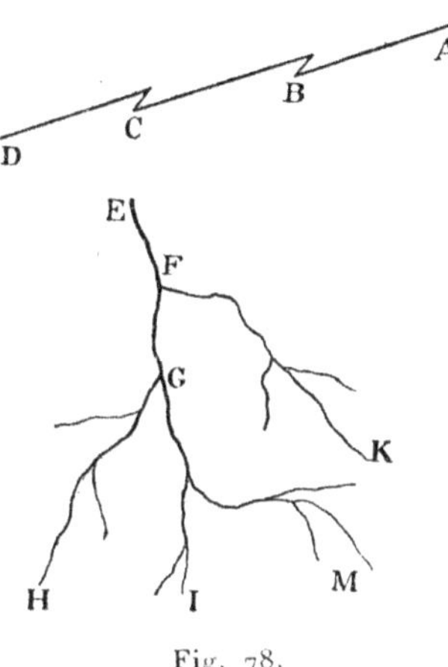

Fig. 78.

Quand la décharge est plus éloignée, le bruit de la décharge est accompagné d'un roulement prolongé. Ce roulement provient de la réflexion du son sur les nuages et sur le sol. Il tient aussi à ce que l'étincelle principale est souvent accompagnée d'étincelles secondaires se succédant à de courts intervalles.

La durée d'un éclair unique n'est que de $\frac{1}{1\,000}$ de seconde au plus. Par suite de la persistance des impressions lumineuses, l'éclair semble avoir une durée appréciable.

On évalue à 10 000 ou 20 000 ampères l'intensité du courant de décharge de la foudre.

On peut apprécier la distance à laquelle la foudre a éclaté, en comptant autant de fois 333 mètres qu'il y a de secondes entre le moment de l'éclair et l'instant où le tonnerre se fait entendre.

Ce qu'on nombre *éclairs de chaleur*, n'est que la constatation d'un orage tellement lointain qu'on ne perçoit pas le bruit du tonnerre.

Grêle. — Nous avons dit que le mouvement ascendant

de l'air qui, par temps chaud, est la cause de l'orage, entraîne la formation d'un cumulo-nimbus orageux. Si le sommet de ce nuage atteint 4 000 à 5 000^m, comme à cette hauteur la température est inférieure à zéro, il peut se former dans ces régions des gouttelettes d'eau qui demeurent liquides, *à l'état de surfusion,* à une température pouvant atteindre — 10 et même — 15 degrés. Il suffit d'un ébranlement pour que ces gouttes d'eau surfondues se mettent à geler instantanément en presque totalité en revenant à la température zéro. Si même la température des régions élevées est très basse, la congélation peut être totale.

En même temps ces gouttes gelées peuvent s'agglutiner aux aiguilles de glace que contient le *faux-cirrus* qui surmonte le cumulo-nimbus orageux. Alors le grêlon tombe et il s'augmente, en tombant, des particules glacées qu'il rencontre sur sa route. C'est ainsi qu'on peut expliquer la formation de grêlons de la grosseur d'un œuf de pigeon.

Paratonnerres. — Un paratonnerre est une tige de fer destinée à fournir un écoulement à l'électricité du sol attirée par l'électricité contraire des nuages orageux. Le paratonnerre a été inventé par Franklin en 1735 (1).

Le paratonnerre comprend deux parties : la tige et le conducteur.

La tige est une barre de fer de 6 à 10^m de haut, ayant à sa base un carré de 5 à 6 centimètres de côté. Cette tige doit être terminée par une partie conique en cuivre doré, vissée à l'extrémité de la tige. Le conducteur doit, autant que possible, être constitué par un câble en cuivre à 3 torons. (Section 1^{cmq} pour l'ensemble, diamètre des fils 1^{mm} à 1^{mm},5.) Le conducteur doit descendre soit

---

(1) On trouvera dans l'ouvrage : *Gréement. Manœuvre et Conduite du Navire,* les détails relatifs aux paratonnerres marins.

dans un puits, soit dans un trou de 6 à 7^m de profondeur rempli de braise de boulanger, corps bon conducteur.

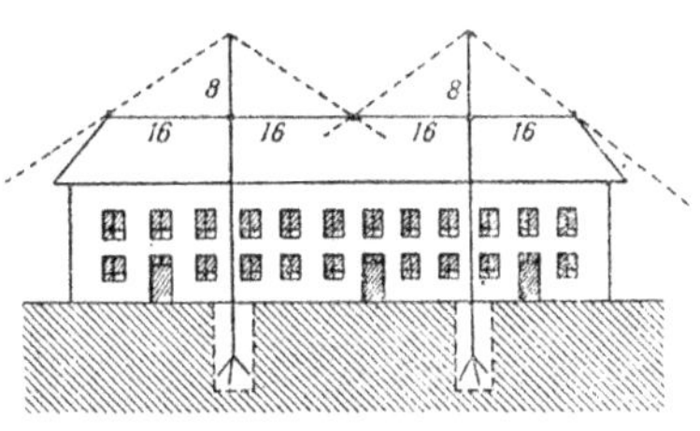

Fig. 79.

Le câble doit se diviser en trois branches dans l'intérieur du puits.

On admet qu'un paratonnerre protège autour de lui un espace conique dont le rayon de base est double de la hauteur. Ainsi un toit de 64 mètres de long sera suffisamment protégé par deux tiges de 8^m, séparées d'un écart de 32^m.

Théorie du paratonnerre. — Quand un nuage chargé d'électricité positive se trouve dans le voisinage du bâtiment protégé, il décompose par influence l'électricité neutre du sol, attire à lui l'électricité négative et repousse dans le sol l'électricité positive. Mais le bâtiment étant muni de pointes de paratonnerres, l'électricité négative ainsi attirée, au lieu de se combiner avec étincelle à l'électricité positive du nuage, s'écoule, sans étincelle, d'une manière continue et va neutraliser l'électricité positive du nuage.

Si le paratonnerre était insuffisant, c'est le paratonnerre lui-même qui recevrait la décharge et, comme il est bon conducteur, il préserverait l'édifice.

Fig. 80.

Paratonnerre Melsens. — On démontre en physique que si un corps est entouré d'un conducteur métallique, même à claire-voie, il ne peut subir aucun effet d'influence électro-statique.

Partant de ce principe M. Melsens de Bruxelles a proposé d'entourer le bâtiment à protéger de ceintures métalliques communiquant avec le sol. Une barre métallique surmontée de pointes nombreuses court tout le long de la toiture et est reliée à toutes ces ceintures.

Aurores polaires. — On appelle ainsi un phénomène lumineux extrêmement remarquable, qui apparaît fréquemment dans l'atmosphère aussitôt qu'on se trouve

Fig. 81.

dans la zone glaciale. Suivant que le phénomène se produit dans l'un ou l'autre hémisphère terrestre on lui donne le nom d'aurore boréale ou d'aurore australe.

On observe rarement ces phénomènes en France. Au Spitzberg, en Islande, ils sont au contraire extrêmement fréquents.

Quand l'aurore boréale commence pendant la nuit, on voit d'abord dans la direction du Nord magnétique une lueur jaune pâle apparaître à l'horizon. Puis, cette lueur augmente d'intensité ; des stries plus sombres la divisent et forment comme un rideau de feu présentant des plis et replis de formes variées. Ces plis se déroulent, l'arc s'élève, se détache de l'horizon. Lès rayons augmentent d'intensité, brusquement, comme par à-coups. Bientôt, les rayons se colorent : ils sont rouges à la base, verts au milieu, jaunes à leur partie supérieure. Le phénomène peut durer plusieurs heures.

Puis, peu à peu, le rideau de feu pâlit, les couleurs s'atténuent et la lueur jaune, à son tour, finit par s'éteindre complètement.

En Islande pendant l'été, comme le jour est presque perpétuel, les aurores boréales sont peu apparentes. Le rideau de feu est remplacé par un voile laiteux qui n'est visible que de 11 heures du soir à 1 heure du matin environ. L'hiver, au contraire, les aurores boréales sont absolument remarquables et elles donnent une lumière d'autant plus appréciable que, pendant cette saison, la nuit est presque perpétuelle.

On attribue les aurores boréales à des courants électriques qui se dégagent des régions polaires vers les hautes régions de l'atmosphère. La nature électrique des aurores boréales n'est pas douteuse. Ainsi deux magnifiques aurores boréales, observées en France le 29 août et le 1er septembre 1859, ont dérangé tous les appareils télégraphiques en Europe et mis en mouvement la plupart des sonnettes électriques.

Selon De La Rive, les aurores boréales seraient dues à la recomposition, dans les régions polaires, de l'électricité positive de l'atmosphère avec l'électricité négative du sol, recomposition à laquelle la chaleur solaire s'opposerait dans les régions équatoriales.

Météores lumineux. Arc-en-ciel. — Quand, pendant la pluie, les rayons solaires viennent frapper les gouttes d'eau qui tombent, la lumière blanche du soleil se décompose en pénétrant dans les gouttes et en sort décomposée, comme dans un prisme, après s'être réfléchie au fond de la goutte. Mais, il n'y a, à sortir visibles pour

l'œil de l'observateur, que les rayons qui frappent en une certaine région A par exemple de la goutte (*rayons efficaces*), les autres sortent en divergeant et n'impressionnent pas l'œil. L'arc-en-ciel se forme tou-

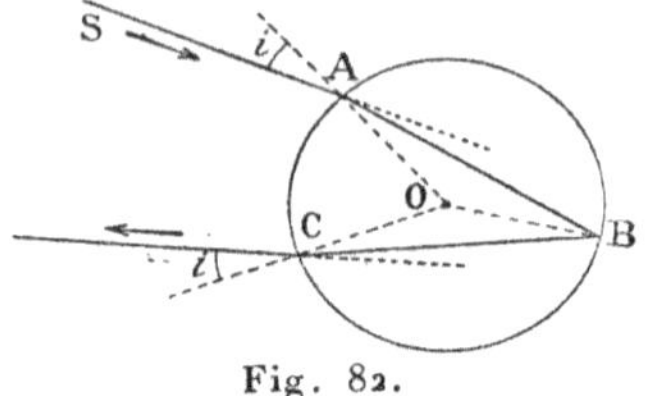

Fig. 82.

jours du côté opposé au soleil. Son centre est sur la droite qui joint le soleil à l'œil de l'observateur.

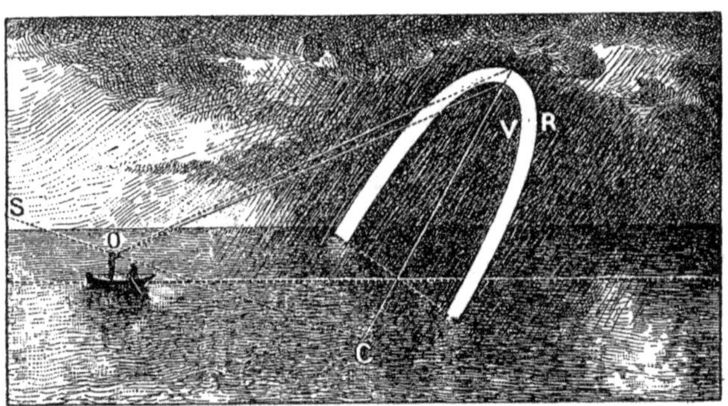

Fig 83.

L'arc-en-ciel se compose d'une série d'arcs colorés dans l'ordre suivant :

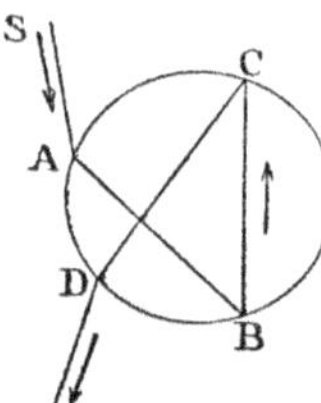

Fig. 84.

Violet, indigo, bleu, vert, jaune, orangé, rouge, en allant de l'intérieur à l'extérieur.

Le rayon apparent est de 40°17′ pour l'arc intérieur, de 42°07′ pour l'arc extérieur (épaisseur 1°45′).

L'arc est, par suite, plus remarquable quand le soleil est près de l'horizon que lorsqu'il est un peu élevé. Il ne peut exister pour des hauteurs supérieures à 42 degrés.

Par un soleil très vif, éclairant une pluie abondante, on aperçoit souvent un 2ᵉ arc de rayons 50°39′ et 54°09′, le violet en dehors. Cet arc est formé par les rayons qui ont subi dans les gouttes une double réflexion. Il est moins brillant que l'arc proprement dit.

Couronnes. — On appelle ainsi des anneaux colorés qu'on aperçoit fréquemment autour de la lune ou du soleil.

Ces couronnes se produisent quand un nuage peu épais, composé de fines gouttelettes d'eau, vient à passer devant la lune ou le soleil. La couronne n'a que quelques degrés de rayon.

Halos. — Ce sont des couronnes (1), de couleur blanche, rouge ou jaune qu'on peut observer autour de la lune

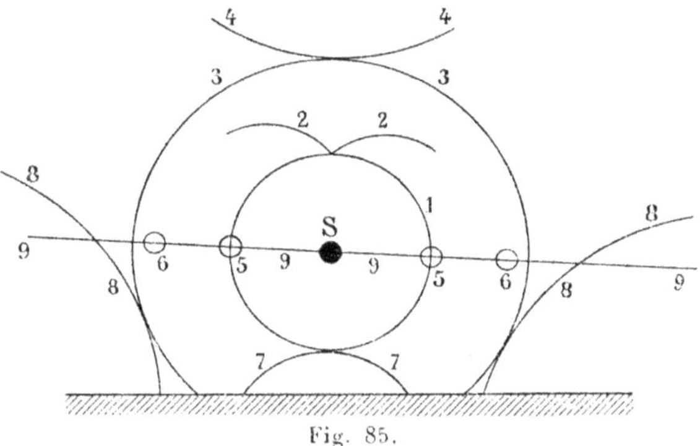

Fig. 85.

ou du soleil. Ces apparences sont dues à des aiguilles de glace contenues dans des nuages comme les cirrus ou les cirro-stratus. Parfois le halo ordinaire (rayon 22°), est accompagné de points brillants (5), nommés parhélies (ou parasélène pour la lune), d'un cercle parhélique, de parhélies secondaires (6), d'un halo extraordinaire (3), (rayon 46′), d'un arc circumzénithal (4), d'arcs tangents infra-latéraux (7), ou d'arcs tangents supérieurs ou inférieurs.

CHAPITRE V

De la prévision du temps à terre et à la mer.

Étude des isobares à terre. — Autrefois on pensait que la lecture seule du baromètre suffisait à permettre de connaître le temps probable. Une longue expérience a montré qu'il n'en est rien. Il faut pour prédire le temps avec quelques chances de succès, pour une période ne dépassant pas deux ou trois jours, étudier avec le plus grand soin les isobares pendant plusieurs jours consécutifs. Si on voit que l'îlot des calmes (centre des hautes pressions) demeure à peu près fixe sur la région considérée, il y a des chances que le temps se maintienne au beau, froid l'hiver en France et dans le reste de l'Europe. Les vents généralement faibles circuleront autour de l'îlot dans le sens des aiguilles d'une montre. Il est évident que ces résultats ne peuvent être obtenus qu'au bureau central météorologique où sont concentrées les dépêches journalières provenant des divers observatoires, et où sont dressées chaque jour les cartes des isobares résultant de ces observations.

Parfois, sur les confins de l'îlot des calmes, on voit s'accentuer une dépression barométrique ; du déplacement graduel de son centre on peut déduire la prévision d'une perturbation future non seulement dans le lieu où elle se produit, mais encore dans les lieux vers lesquels le centre paraît se déplacer. Autour de cette dépression, l'air va circuler en sens contraire des aiguilles de la montre, plus violent qu'autour de l'ilot des calmes. Parfois deux dépressions voisines peuvent se former. Il est facile de voir, d'une manière générale, comment les vents vont se comporter dans tous ces cas :

A. **Deux ilots de calmes se sont rapprochés.** — Dans la partie où les molécules tendent à se rencontrer, les vitesses, déjà faibles par elles-mêmes, tendent à s'annuler. Il pourra se former des risées, des brises folles, des trombes comme dans l'Adriatique, par suite de la rencontre de ces vents de sens contraires.

B. **Un ilot de calme s'est rapproché d'une bourrasque.** — L'endroit où il va y avoir réunion des deux diagrammes sera le témoin de brises fraîches, somme des deux vitesses. Mais comme la vitesse des molécules est plus grande autour des centres de basse pression qu'autour des centres de haute pression, il faut s'attendre à des grains et grainasses entraînés par le vent le plus fort.

C. **Deux bourrasques sont contiguës.** — Au point de contact, les vitesses se contrarient. Mais il y aura là des grains violents, mélangés d'accalmie, probablement des pluies abondantes, résultant du conflit de deux vents violents de sens contraires.

D. **Une bourrasque pénètre dans un ilot de calmes ou dans une autre bourrasque.** — Alors, l'ilot est désorganisé, les deux bourrasques s'unissent, et il faut une étude attentive pour prévoir, avec quelques chances de succès, la marche ultérieure des événements.

Nous croyons inutile d'insister davantage, le marin ne pouvant pas, en général, suivre ainsi jour par jour les variations des isobares. Il doit se contenter de consulter la carte envoyée par le B. C. M. sous le titre : *Bulletin quotidien international du B. C. M. de France*, et lire attentivement les prévisions qui y sont indiquées et qui ont été étudiées avec le plus grand soin.

Voici d'après M. Goetschy, directeur de l'observatoire de Fontainebleau, les règles de prévisions les plus probables à adopter pour interpréter les cartes d'isobares :

A. Centre de haute pression fixe en un lieu plusieurs jours durant, isobares régulières, indiquent beau temps fixe, froid l'hiver, chaud l'été.

B. Les isobares se resserrant et s'orientant en lignes parallèles courant du S.-O. au N.-O., si le baromètre baisse régulièrement, des vents de S.-O. avec pluie sont à craindre.

C. Parfois les isobares se resserrent autour d'un centre de basse pression. La baisse barométrique va s'accentuer, le vent augmenter de violence.

D. Si les isobares s'allongent, le vent va tendre à suivre le trajet de l'isobare 760.

E. Si les isobares sont circulaires, autour d'un centre de basse pression, la bourrasque va demeurer stationnaire.

F. Si les mêmes isobares s'allongent en formes d'ellipses très allongées, il y aura dédoublement du tourbillon en deux autres.

G. Si les isobares prennent un aspect parabolique, le tourbillon tendra à s'avancer rapidement du côté du sommet des paraboles.

H. Quand un tourbillon descend vers le S.-O., il faut s'attendre à des vents de N.-E. S'il descend au Sud, à des vents de N., ce qui s'explique facilement par suite du mouvement de translation et de rotation de la bourrasque.

I. Généralement l'été, le baromètre montant, le temps demeure sec. L'hiver il peut y avoir de la neige. Pendant l'été, si un tourbillon à contours irréguliers couvre l'Europe, avec isobares moirées et tourmentées, il y a des chances d'orages, de grêle si les cirrus se montrent dans le ciel.

J. Le thermomètre monte à l'approche des vents de S.-O., il baisse avec l'approche des vents de N., de N.-E., et d'Est. L'hygromètre indique un accroissement d'humidité considérable à l'arrivée des vents de S.-O., ceci pour le golfe de Gascogne et la Manche. Dans le golfe du Lion, les vents d'Est et de S.-E. sont très humides, le N.-O. très sec.

K. Enfin l'aspect des nuages donne des indications qui ne sont pas à dédaigner : des nuages légers, réguliers indiquent du beau temps, des nuages déchiquetés indiquent du vent. Des nuages empourprés au coucher du soleil indiquent également des probabilités de vent.

Prévision du temps à la mer. — En mer, on n'a plus à sa disposition les bulletins du B. C. M. de France. Les seuls pronostics qu'on peut faire seront tirés du *baromètre*, du *thermomètre,* de l'*hygromètre,* de l'*aspect du ciel et des nuages,* de la *direction de la houle.* Comme d'ailleurs leurs indications n'ont pas partout les mêmes conséquences, il faut consulter les instructions nautiques relatives aux parages où l'on se trouve.

Appliquons ces remarques à la prévision d'un coup de vent de S.-O. sur les côtes occidentales de France ou d'Angleterre.

Si, étant en mer, dans les régions indiquées, on voit le baromètre baisser, le temps devenir humide, la température s'élever ; si, en même temps, une longue houle se fait sentir, venant du S.-O. on doit s'attendre à l'arrivée prochaine d'une bourrasque, et cela dans une douzaine d'heures environ.

Alors le temps s'assombrira progressivement et le vent commencera à se faire sentir, tournant successivement du S.-E. au S. et au S.-O. Si le vent commence à l'O. ou à l'O.-S.-O., le vent se maintiendra violent, changeant moins de direction que s'il éclate au S. Pendant que le vent demeure au S.-O. ou à l'O.-S.-O.. la pluie tombe généralement avec abondance.

Si le vent a commencé au S.-E., tournant au S. et au S.-O., il est probable qu'après une accalmie, il sautera au N.-O. dans un grain violent. Le baromètre remonte alors peu à peu, le ciel se dégage, la pluie ne vient plus que par intermittence avec grains plus ou moins violents, et la bourrasque finit toujours par s'éloigner (1).

Si le vent a commencé à l'O.-S.-O., la saute de vent sera moins grande, plus progressive, et le vent finira à l'O.-N.-O. environ.

Parfois, pendant ces bourrasques, même l'hiver, on aperçoit des éclairs dans le S.-O., mais c'est surtout après le passage du centre que les phénomènes électriques paraissent atteindre leur maximum (2).

(1) Il arrive parfois qu'après la saute au N.-O. le vent retourne au S. ou au S.-O. pendant quelque temps pour retourner au N.-O. après une nouvelle saute.

(2) Dans l'hémisphère Sud où les terres sont plus rares, les dépressions des bourrasques sont indiquées par des isobares non fermées. La bourrasque se transporte comme dans l'hémisphère Nord, de l'Ouest vers l'Est. La saute de vent se fait du N.-O. au S.-O. au lieu de se faire du S.-O. au N.-O. Les bourrasques de l'hémisphère Sud prennent souvent près du Cap Horn l'allure d'un cyclone dangereux.

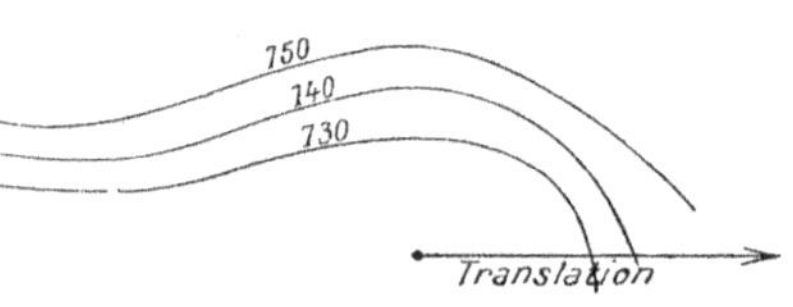

Fig. 86.

CHAPITRE VI

Des mers.

ARTICLE I. — CARACTÈRES GÉNÉRAUX

Niveau. — Abstraction faite des variations causées dans le niveau des mers par les marées, le vent, la pression barométrique, le niveau moyen des mers est la surface de l'ellipsoïde terrestre en équilibre sous l'action de la pesanteur et de la force centrifuge. Toutes les mers qui communiquent entre elles ont un niveau commun, ainsi que le percement de l'isthme de Suez l'a démontré.

Certaines mers intérieures ont un niveau très bas causé par l'évaporation que les apports des fleuves n'ont pu compenser. Ainsi la mer Caspienne est 20 mètres plus bas que la Méditerranée ; le lac d'Aral, la Mer Morte (profondeur 350 mètres) sont à 70 mètres et 400 mètres plus bas que la Méditerranée.

Profondeur. — Le fond de la mer peut être considéré comme analogue à la surface terrestre. Il contient des vallées, des pics, des plateaux. La profondeur des Océans est comparable à celle des plus hautes chaînes de montagne. Ainsi les sondages faits par le Talisman, le Travailleur et la Romanche, au moyen de fils d'acier et poids perdus, ont donné des profondeurs de 7 et 8 000 mètres. Toutefois entre l'Irlande et Terre-Neuve est un plateau

de 3 000 m. qui a facilité la pose des câbles transaltan-
tiques. Près des Antilles on a trouvé 8 341 m.

Dans l'océan Indien on a trouvé des fonds de 5 550
mètres, dans le Pacifique 6 ou 7 000, et de 8 600 mètres
au N.-E. du Japon.

Les mers intérieures sont, en général, peu profondes;
ainsi la Manche a des profondeurs de 40, 50, 60, 80
mètres, sauf une fosse de 100 à 120 mètres, près des
Casquets. La mer du Nord est peu profonde : 20, 30 et
40 mètres. Il en est de même de la mer Baltique. La Méditerranée, par exception, est très profonde : 4 600 mètres dans la mer Ionienne, 2 000 mètres entre la France
et l'Algérie (bien entendu au large des côtes). Les profondeurs de 3 000 mètres y sont très fréquentes.

Variation de la profondeur des mers. — Nous ne cite-
rons que pour mémoire les îlots qui, de temps à autre,
ont apparu à la suite d'éruptions volcaniques. Généralement ces îlots, formés de pierres ponces et de cendres,
résistent peu aux attaques des flots. Ce qui intéresse
plus les marins ce sont les variations que les vents, les
vagues et la marée produisent à l'entrée des ports
comme le Havre, à l'entrée de la Somme, dans les bancs
de Dunkerque. Les pilotes doivent par des sondages,
pour ainsi dire journaliers, se tenir au courant de ces
continuelles variations. Les apports des fleuves modifient constamment, près des côtes, la profondeur de la
mer en changeant les dimensions des deltas qui forment
les embouchures de ces fleuves. Ainsi se modifient incessamment les deltas du Rhône, du Nil, du fleuve Rouge,
etc., etc.

Suivant quelques auteurs le banc de Terre-Neuve lui-
même serait constitué par les matières solides apportées
par les glaces polaires.

Iles madréporiques. — Une des causes les plus curieuses qui modifie, en certains parages, la profondeur des mers, est le travail incessant de certains animalcules nommés *polypiers*. Sur des plateaux, distants au maximum de 40 mètres de la surface libre des eaux, ces animalcules s'établissent, et, bâtissant leur demeure avec des concrétions calcaires, ils finissent, vraisemblablement au bout de plusieurs siècles, par atteindre la surface. De véritables îlots sont ainsi constitués, où les débris de toutes sortes apportés par les courants constituent à la longue une terre véritable. Des graines apportées par les vents et les courants y amènent enfin la végétation et la vie. Certaines de ces îles ont parfois plusieurs milles de longueur. Quelques-unes sont circulaires avec des lagunes à leur centre. En certaines régions de l'Océan Pacifique elles constituent de vrais archipels, comme l'archipel Dangereux qui a plusieurs centaines de lieues de développement.

Le fond de la mer lui-même est, en maints endroits, formé de couches épaisses de concrétions calcaires, produites, dans les âges les plus reculés, par les travaux de ces premiers-nés de création.

Végétations de la mer ; mer des Sargasses. — Non seulement les rochers qui bordent les côtes sont en quelque sorte le terrain où poussent avec une abondance extrême les varechs, goëmons et fucus de diverses espèces, mais encore le milieu des océans est le siège d'une végétation extraordinaire. C'est ainsi que Christophe Colomb rencontra avec quelque effroi sur sa route, en allant en Amérique, une immense région, limitée par les parallèles de 16 et 38° Nord et les méridiens de 30 et 80° Ouest, couverte d'une épaisse couche de varechs vésiculeux (fucus natans ou raisins des tropiques). Ces plantes marines vivantes pour la plupart, ou mortes et flottant à l'état de décomposition, demeurent dans cette région considérable que le Gulf-Stream contourne dans son parcours. Autrefois on les croyait arrachées, par les courants, des côtes de Cuba et de la Floride. Aujourd'hui on croit qu'elles poussent et meurent dans la région même où on les rencontre, que l'on appelle la mer des Sargasses (du mot espagnol *Sargazo*, varech).

On rencontre des prairies de varech analogues dans toutes les régions que contourne un courant important. Le Kuro-Sivo ou fleuve noir crée dans le Pacifique Nord une région analogue. L'océan Indien a aussi, dans sa partie méridionale, sa mer de Sargasses entre 40 et 55° Sud, 58 et 80° Est.

Couleur de la mer. — L'eau de mer paraît incolore prise en petite quantité. Prise en masse, elle a une teinte plus ou moins bleue que diverses circonstances viennent modifier.

Les eaux du Gulf-Stream, du Kuro-Sivo ou fleuve noir, les eaux de la Méditerranée sont d'un beau bleu indigo.

Le mélange des eaux de la mer avec un limon jaune, produit par les vagues le long des côtes, change la coloration bleue en cette teinte *Vert de mer* que tout le monde connaît. Un excès de limon amène une teinte plus jaunâtre.

La couleur de la mer est souvent modifiée en un même lieu par la réflexion du ciel et des nuages, par l'incidence variable des rayons solaires, par son agitation qui modifie ces phénomènes de réflexion.

La nature du fond, le degré de salure n'est pas non plus sans influence sur la couleur de la mer.

La mer Noire doit plutôt son nom à ses tempêtes fréquentes qu'à sa couleur réelle. Mais la mer paraît véritablement noire à l'entour des îles Maldives. Elle est blanche dans le golfe de Guinée, vert pur dans le golfe Persique, rouge carmin dans la mer Rouge. Ces colorations particulières sont dues en général à la présence d'animalcules ou de végétaux microscopiques. Ainsi, dans la mer Rouge, pullule, en certains endroits et à certains moments, une conferve filamenteuse, sorte d'algue de couleur pourpre, le *Tricodesmium Erythrœum*, qui donne à la mer Erythrée sa couleur remarquable.

Phosphorescence de la mer. — Pendant l'été, sur les côtes occidentales de France, en toute saison dans les régions tropicales, la mer est phosphorescente, et la nuit le phénomène est parfois d'une intensité merveilleuse. Cette phosphorescence est due à la présence de zoophytes d'aspect gélatineux, qui deviennent phosphorescents dans certaines conditions de température et à certains moments de leur existence. Elle a été attribuée aussi parfois, non sans raison, à des poissons en décomposition. Les deux causes ont été vérifiées et démontrées par divers expérimentateurs.

Transparence de la mer. — La transparence de la mer dépend évidemment de son état de calme ou d'agitation. Les pêcheurs de perles et d'éponges peuvent voir facilement le fond à une grande profondeur en répandant une mince couche d'huile à la surface de l'eau. La nature du fond, la limpidité de la mer influent évidemment sur le degré de visibilité. Un fond de sable blanc, de roches blanches, peut, par calme, s'apercevoir à 20 ou 25 mètres. Rarement la transparence dépasse une trentaine de mètres.

Composition de l'eau de mer. — La composition de l'eau de mer varie avec les mers. Là où l'évaporation est très active, mer Rouge, mer Méditerranée, golfe du Mexique, et où de grands fleuves ne compensent qu'insuffisamment cette évaporation, le degré de salure est plus considérable que dans les mers comme la mer Baltique, où les fleuves amènent plus d'eau que l'évaporation n'en retire, comme les mers polaires, où la fonte des glaces fournit un apport d'eau douce considérable.

En moyenne sur 1 000 grammes d'eau de mer il y a 35 grammes de sels divers. Le sel, qui entre en plus grande quantité, est le chlorure de sodium ou sel marin.

Dans certaines mers, comme la Méditerranée, le degré de salure devrait augmenter constamment, si, à la surface du détroit de Gibraltar, il n'existait un courant d'eau un peu moins salée venant de l'Atlantique et en dessous de ce courant un contre-courant déversant dans l'Atlantique les eaux plus salées de la Méditerranée.

Voici le degré moyen de salure de quelques mers :

Atlantique.	0,035
Mer Rouge..	0,043
Golfe du Mexique.	0,044
Méditerrannée..	0,038
Baltique..	0,010

Enfin voici la composition de l'eau de mer.

Eau distillée.	965^{gr},0	
Chlorure de sodium..	26	5
— potassium..	0	5
— magnésium.	3	5
Sulfate de magnésie..	2	5
— chaux..	1	5
Carbonate de chaux..	0	3
Divers.	0	2

35 gr.

Poids spécifique. — Le poids spécifique de l'eau de mer varie avec son degré de salure et de température. L'eau de mer n'a pas comme l'eau douce son maximum de densité vers 4°, mais vers — 2°,7, température à laquelle elle se congèle. La densité augmente peu d'ailleurs avec la profondeur. Nous avons décrit l'*aréomètre* marin, qui, gradué en densimètre, indique combien il faut ajouter à 1000 pour avoir le poids d'un litre d'eau de mer.

La densité moyenne de l'eau de mer est de 1,026.

Cette densité augmente avec le degré de salure. Elle atteint très rarement 1,044 ; les mers très salées ont pour densité 1,032 environ.

Température des mers. — La différence de chaleur entre les saisons successives, les différences de latitude, les courants généraux sont les principales causes des variations de la température des mers.

Le mer s'échauffe plus lentement que la terre, et se refroidit aussi plus lentement. Sa température change donc moins brusquement que celle des continents. Entre le jour et la nuit, ses variations de température ne dépassent jamais, à la surface, 1°, même entre les tropiques.

L'air est, en moyenne, moins chaud que la mer à sa surface, sous l'équateur. Dans nos régions l'air est un peu plus chaud que la mer pendant l'été, un peu plus froid l'hiver. Dans certains parages comme la mer Rouge, le golfe Persique, le golfe du Tonkin, le golfe du Mexique, la température de l'air, par exception, dépasse celle de la mer de 5 à 10 degrés.

Maury a construit pour l'Atlantique des cartes isothermes qui indiquent la distribution de la chaleur à la surface de cet océan. Les isothermes se déplacent d'ailleurs avec les saisons.

La température de la mer à la surface se mesure en laissant dans l'eau, à une profondeur d'un mètre, le thermomètre marin, pendant un temps suffisant. A défaut, on peut tirer de l'eau dans un seau et y plonger un thermomètre ordinaire.

La température de l'eau à diverses profondeurs se mesure au moyen des thermométrographes que nous avons décrits précédemment.

Les expériences nombreuses faites par divers observa
teurs ont montré :

1° Que, dans les océans, la température diminue en général avec la profondeur.

2° Que, dans les océans, la température des grands
fonds est sensiblement égale à zéro.

Ces lois ne s'appliquent pas aux mers fermées. Ainsi,
dans la Méditerranée, en dessous de 360 m., la température est de 13°. Cette température est celle de l'Atlantique, au niveau du seuil du détroit de Gibraltar, qui est

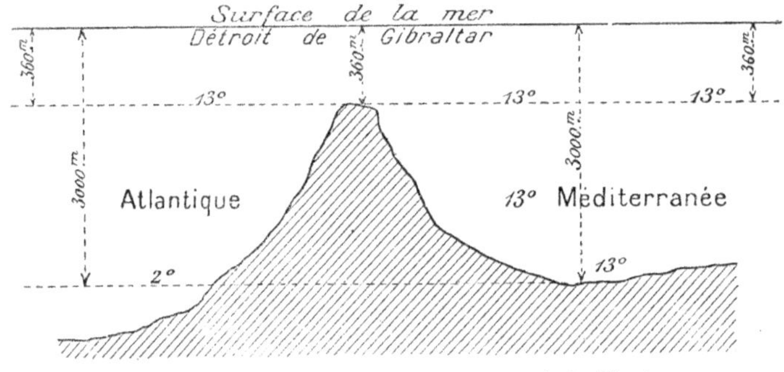

Coupe verticale passant par le milieu du détroit de Gibraltar.

Fig. 87.

précisément à 360 mètres au-dessous du niveau moyen
des mers. Par 3 000ᵐ de profondeur dans l'Atlantique, la
température est de 2°, tandis que dans la Méditerranée,
au même niveau, elle demeure égale à 13°.

Influence des hauts-fonds sur la température des mers.
— En général, on constate que, lorsqu'on arrive au-dessus d'un banc, la température de l'eau y est plus basse
qu'au large. Ce refroidissement est-il dû au rayonnement
du banc vers les espaces planétaires à travers la mince
couche d'eau qui le recouvre ? Est-il dû à ce fait que
des courants d'eau froide remontent le long des pentes
du banc et y abaissent la température ? Nous ne saurions

dire laquelle de ces causes est prépondérante. En tout cas l'approche d'un banc peut parfois être ainsi annoncée au moyen du thermomètre, en cas d'incertitude sur sa situation. C'est donc un renseignement que le marin ne doit pas négliger.

Glaces polaires. — A une température, qui est en moyenne de — 2°, l'eau de mer atteint son point de congélation. Il en résulte que les deux zones glaciales sont fermées éternellement par des glaces qui défendent les abords des pôles. Dans l'hémisphère Sud la région glacée est dix fois plus considérable que dans l'hémisphère Nord. Aussi les explorateurs rencontrent-ils des difficultés presque insurmontables pour atteindre le pôle Nord et surtout le pôle Sud. Vers la fin du printemps des blocs énormes se détachent des glaciers polaires et forment des glaces flottantes, icebergs, ou montagnes de glace, de 4o, 5o mètres de haut et plus. Les courants froids qui, venant du détroit de Davis, longent les côtes de l'Amérique du Nord les entraînent jusque vers 4o° N. Celles, au contraire, qui sont refoulées par les courants chauds dérivés du Gulf-Stream ne dépassent pas les Féroë (63° N.). Ces blocs énormes flottent, soutenus par une base généralement double en profondeur de leur hauteur hors de l'eau. Parfois, par suite de la fusion d'une partie de cette base, la montagne bascule ; aussi son approche est-elle des plus dangereuses. Les glaces flottantes constituent en tout cas de véritables écueils dérivant avec les courants et le vent. On est averti, en temps de brume, de leur approche, par un refroidissement brusque de l'atmosphère.

ARTICLE II. — LES MARÉES.

Causes des mouvements de la mer. — Les eaux des

océans sont mises en mouvement soit accidentellement, soit périodiquement, soit d'une manière permanente par trois causes principales : les vents, l'attraction luni-solaire, et enfin la chaleur du soleil.

Les vents produisent les vagues et la houle dont l'étude fait partie de la théorie du navire.

L'attraction luni-solaire produit les marées.

La chaleur solaire et ses variations engendrent les courants. Nous étudierons d'abord les effets de l'attraction luni-solaire et les conséquences de ces effets.

Théorie de la marée. — Le niveau de l'Océan est animé, sur les côtes, d'un mouvement périodique, qui se reproduit en moyenne à 12 h. 25 m. d'intervalle. La mer monte pendant environ 6 h. 12, baisse pendant le même temps, de sorte que, chaque jour, la pleine mer retarde de 50 m. sur le jour précédent. Les marées qui avoisinent la pleine et la nouvelle lune sont beaucoup plus grandes que celles des quadratures.

Les théories de Newton et de Laplace ont montré que la marée est due aux attractions que le soleil et la lune exercent sur les eaux de la mer. Mais cette action ne produit son effet que 36 heures après le passage des astres attirants.

D'après Laplace et le physicien Whewel, l'océan Pacifique serait le bassin où prendrait naissance l'*onde marée*. Cette vague immense en longueur et surface, mais peu haute (50 centimètres au plus), enverrait une onde dérivée qui pénétrerait dans l'Atlantique pour remonter, avec une vitesse de 176 mètres par seconde, du cap de Bonne-Espérance à Ouessant. Cette théorie, admise par M. Chazallon, est contestée par d'autres savants, qui pensent qu'une onde peut parfaitement se former au centre de l'Atlantique pour jeter ses eaux sur les rives Est et Ouest de cet Océan. Quoi qu'il en soit, cette vague ou onde marée, une fois formée, se propage avec une vitesse d'autant plus faible que le passage est plus resserré et moins profond.

Ainsi vers 3 h. 3o, les jours de nouvelle lune, l'onde marée, dont la crête est orientée à peu près N. et S., atteint simultanément les côtes occidentales de France, de Bayonne à Brest, et les côtes d'Irlande. Une portion de l'onde pénètre dans la Manche, pendant qu'une autre portion entre dans la mer d'Irlande, à la fois par le Nord

Fig. 88.

et par le Sud. Vers le milieu de cette mer il se produit un conflit, le haut d'une des ondes venant rencontrer le creux de l'autre ; il y a en cet endroit de violents courants résultant de l'interférence des deux ondes.

Cependant, l'onde qui a pénétré dans la Manche, se trouvant gênée dans sa route par la presqu'île du Cotentin, s'élève d'une manière énorme, atteignant 12 et 14 mètres d'amplitude à Saint-Malo et à Granville. Elle continue sa route vers Dunkerque, où elle parvient à 12 h. 13. Pendant ce temps, l'onde marée contourne l'Écosse et entre dans la mer du Nord. Mais elle met 12 heures de plus, à faire cet énorme parcours, que celle qui a traversé la Manche de l'Ouest à l'Est, de sorte que, au large de Dunkerque, la crête de l'onde, qui vient de la Manche, rencontre une crête venant de la mer du Nord, plus vieille d'une marée que celle qui vient de la Manche. Sur les côtes d'Amérique, des phénomènes analogues se produisent. On y constate aussi des marées énormes en certains lieux. Ainsi dans la baie de Fundy la mer monte de près de 20 mètres.

Établissement du port. Lignes cotidales. — On appelle établissement du port l'heure temps vrai du passage de la crête de l'onde marée en un lieu donné les jours de nouvelle lune, ou, plus exactement, le jour d'une nouvelle lune fictive, pour laquelle le soleil et la lune seraient dans le plan de l'équateur, à leurs distances moyennes de la terre.

Pratiquement, c'est l'heure à laquelle la mer est haute, *en moyenne,* dans le port, les jours de nouvelle lune.

On appelle ligne *cotidale* (co-tide) le lieu géométrique des points d'une même mer qui ont la marée à la même heure, ou encore qui ont même établissement de port.

Ainsi l'onde marée, qui entre dans la Manche, se trouve déformée dans sa crête qui s'allonge vers l'Est. A un moment donné, la crête de l'onde passe devant un port de la côte anglaise et un port de la côte française. Ces deux ports et les points intermédiaires de la Manche, où se trouve à ce moment la crête de l'onde, sont sur une même ligne cotidale.

Il est bon de remarquer que l'onde marée n'apporte pas d'eau dans son déplacement, sauf sur les rivages. Tout se passe comme dans les lames de mer, où une crête de lame est suivie par un creux et ce creux par une autre crête, sans qu'il y ait transport longitudinal des molécules. Il y a simplement un mouvement circulaire des molécules, et les cercles décrits par chacune d'elles différant comme phase, la lame prend le profil que l'œil aperçoit.

Ainsi, si on suppose une échelle de marée située en M, la mer sera haute au moment où la crête de l'onde marée viendra en A. La crête continuant sa route dans l'Est, le creux B viendra à son tour en M, puis la nouvelle crête en A'. Comme la lame est plus abrupte dans le sens où elle va que du côté opposé, le flot dure moins longtemps que le jusant. Ainsi dans les ports situés à l'Est de Brest, l'époque de la basse mer dépasse de 30 minutes l'heure qui tient le milieu entre deux pleines mers

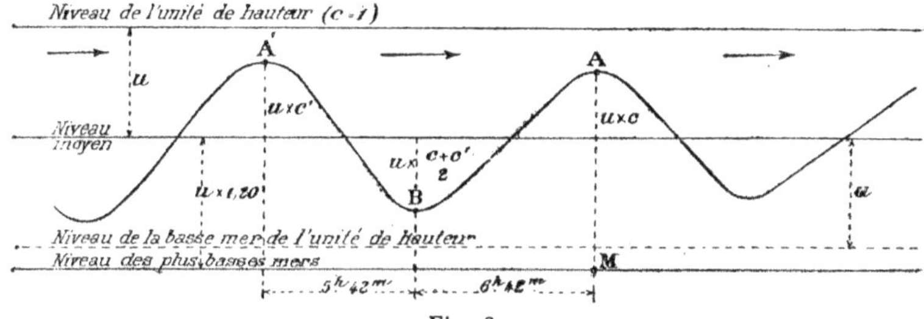

Fig. 89.

consécutives, et de dix minutes seulement pour les ports situés à l'Ouest de Brest.

Courants de marée. — Quand l'onde marée va passer devant un port, la mer inonde les plages de ce port et produit le phénomène appelé le *flux*. Quand, l'onde continuant sa route, le creux approche du port, la mer se retire, c'est le *reflux*. Il se produit alors le long des rivages des courants locaux qui atteignent parfois la vitesse de 7 à 8 milles à l'heure, comme dans le raz Blanchart.

Le courant produit par le flot se nomme l'étale de flot, celui du jusant se nomme l'étale de jusant. Ces courants peuvent, selon les localités, commencer 3 heures avant la pleine mer et 3 heures avant la basse mer. Le renversement de ces courants se fait dans le sens des aiguilles d'une montre (orbitaires directs) sur les côtes méridionales de l'Angleterre et en sens contraire des aiguilles d'une montre sur la côte septentrionale de France (orbitaires inverses). Ces courants sont plus violents dans les grandes marées que pendant les mortes eaux. Il faut, pour connaître ces courants, leur force, leur direction, les heures de leurs renversements, consulter le Manuel du pilote-côtier ou mieux les cartes si remarquables établies par le pilote Major de la Flotte, Hédouin.

Courants de la Manche et de l'Entrée de la Mer du Nord. Cartes synoptiques du Pilote Hédouin. — Ces cartes, au nombre de 12, donnent les directions et les vitesses des courants à des instants espacés d'heure en heure et comptés depuis 5 heures avant jusqu'à 6 heures après l'instant de la pleine mer de CHERBOURG ; elles résument les données acquises personnellement par l'auteur pendant une période de trente années de navigation non interrompue dans la Manche, tant à bord des navires de commerce que sur le Bâtiment-école de pilotage ; il s'est aidé, en outre, des travaux scientifiques des ingénieurs et des marins français ou anglais qui ont étudié cette question.

Les *directions* sont indiquées par les flèches ; les chiffres inscrits à côté des flèches expriment en nœuds (en milles par heure) les *vitesses* rapportées au coefficient 100.

Bien que les vitesses ne soient pas exactement proportionnelles aux coefficients, on obtiendra une évaluation suffisamment approchée en multipliant les vitesses des cartes par le coefficient donné dans l'*Annuaire des Marées*.

On ne perdra pas de vue que la régularité des courants de marée peut être troublée par l'influence des vents et que d'ailleurs de telles cartes ne peuvent donner que des indications approchées et correspondant aux circonstances moyennes.

L'usage de ces cartes est des plus simples. Supposons qu'en un point donné de la Manche, on veuille connaître, un certain jour, à une heure donnée, 4 h. du soir par exemple, la direction de la vitesse du courant.

On cherchera à quelle heure, ce jour-là, la mer est haute à Cherbourg. Supposons que la pleine mer ait lieu à Cherbourg à 7 heures du soir. On est donc 3 h. avant le plein de Cherbourg. On prendra la carte correspondant à 3 h. avant le plein de Cherbourg et on cherchera quelle est la grandeur et la direction du courant à l'endroit considéré. Supposons qu'on trouve un courant de N.-N.-E. de vitesse 2,6. Si le coefficient de marée (pris dans l'annuaire pour le jour considéré) est 50, la vitesse du courant sera sensiblement $2,6 \times 0,50 = 1,3$.

Ondes diurnes, semi-diurnes, tiers-diurnes, etc. Anomalies des marées. — Le mouvement oscillatoire des marées est en réalité beaucoup plus complexe que celui qui serait produit par une onde semi-diurne. Une étude approfondie du phénomène démontre que l'onde marée est en réalité la résultante de plusieurs ondes diurnes, semi-diurnes, tiers-diurnes, quart-diurnes, huitième-diurnes. C'est la coexistence de ces diverses ondes, où l'onde semi-diurne joue le rôle le plus important, qui produit la déformation de l'onde marée et lui donne l'aspect irrégulier de la figure 89. Des ondes secondaires modifient d'ailleurs la durée du flot et du jusant. Ainsi au Havre, il y a conflit entre l'onde ordinaire et une onde dérivée qui redescend la Seine et produit une onde d'une période de 1/6 de jour. Ce conflit prolonge l'étale de pleine mer et favorise en ce port l'entrée des grands navires à chaque pleine mer.

L'onde diurne est faible en Europe. Elle est à peu près le vingtième de l'onde semi-diurne.

Cette onde diurne est beaucoup plus sensible dans la mer des Indes. Sur les côtes de la Basse-Cochinchine elle atteint, dans ses maxima, l'amplitude de l'onde semi-diurne. Plus au nord, dans le golfe du Tonkin, l'onde diurne seule subsiste, sans doute par suite d'une interférence analogue à celle que nous avons signalée dans la mer d'Irlande.

Dans les mers d'Europe, l'onde due à l'action de la lune est trois fois plus importante que l'onde solaire. Il n'en est pas partout de même. Ainsi à Taïti, dans la baie de Papeete, la marée solaire seule se fait sentir chaque jour à 1 h. 3o de l'après-midi. Elle est faible d'ailleurs.

Les marées ont leurs variations mensuelles causées par les situations respectives des astres attirants (nouvelle lune et pleine lune, vives eaux ou malines ; — premier et dernier quartier, mortes eaux), leurs variations semestrielles (marées d'équinoxe) et leurs variations annuelles dues à la distance minima de la terre au soleil (1er janvier).

Dans la Baltique et la Méditerranée la marée est insensible. Les variations barométriques et les vents masquent le mouvement des eaux dû aux attractions de la lune et du soleil.

Mascaret. — Quand le flot apporté par la marée rencontre un obstacle, une baie qui va en se rétrécissant comme au mont Saint-Michel ou dans la baie de Somme, il éprouve un mouvement d'ascension très marqué ; la mer, retardée par son frottement sur la plage d'une étendue énorme et de pente insensible, s'accumule et finit par déverser une eau qui, tendant à aller plus vite que la nappe inférieure, se propage en roulant avec la vitesse d'un cheval au trot. Quand en plus le flot, non seulement est resserré entre deux rives, mais qu'il vient encore buter contre le courant d'un fleuve où il veut pénétrer, il s'accumule comme une lame, et à un moment donné, une véritable montagne d'eau s'avance, comme une muraille écumante, à contre du courant du fleuve, le remonte, envahissant ses rives, brisant tout ce qu'elle rencontre sur son parcours. Ce phénomène prend le nom de *mascaret,* barre ou prororoca, suivant les localités.

C'est ainsi qu'à Bordeaux, dans les grandes marées, le mascaret remonte le fleuve et jette les uns sur les autres, en leur causant de graves avaries, les navires qui n'ont pas doublé leurs amarres.

Le mascaret se fait sentir également à l'embouchure de la Seine. C'est à Caudebec que le phénomène est le plus curieux à observer.

Dans la plupart des grands fleuves le mascaret se fait sentir au moment des grandes marées. On le constate à l'embouchure du Gange, de l'Orénoque, du fleuve des Amazones.

La Condamine rapporte que « l'arrivée de la *Prororoca* s'y annonce par un bruit effroyable qu'on entend à deux lieues de distance. On voit un promontoire d'eau de douze à quinze pieds, puis un autre, un troisième ensuite, parfois un quatrième. Ils se suivent de près, barrant toute la largeur du canal. Cette lame avance avec une rapidité prodigieuse, rase et brise dans son cours tout ce qui lui résiste. Partout où elle passe, le rivage est net comme s'il avait été balayé. Cette lame, continuant sa route, se propage jusqu'à plus de 200 lieues à l'intérieur ».

Ras de marée. — Le ras de marée, qui n'a, malgré son nom, rien de commun avec la marée, est une agitation soudaine des eaux de la mer par temps calme, sans cause apparente. Les ras de marée sont fréquents sous la zone torride, comme à Bourbon. Comme ils apparaissent surtout à l'époque des cyclones, on est porté à chercher l'explication de cette agitation extraordinaire des eaux dans le passage plus ou moins éloigné d'un de ces météores.

L'agitation de la mer est parfois assez considérable dans un ras de marée pour devenir dangereuse pour les navires au mouillage.

Il ne faut pas confondre les ras de marée avec les envahissements terribles de la mer causés en certaines localités par les tremblements de terre. C'est ainsi que la mer, il y a un siècle environ, à la suite d'un tremblement de terre, envahit et détruisit presque entièrement la ville de Lisbonne, et que, plus récemment, l'éruption du Krakatao (en 1883), dans le détroit de la Sonde, fit soulever une vague de 30 mètres de haut, qui envahit tout le littoral de Java, faisant périr plus de 40 000 personnes.

Barres des fleuves. — On appelle ainsi une élévation du fond à l'embouchure d'une rivière, élévation causée soit par des apports de matières provenant de la rivière, soit par une invasion des sables et graviers de la mer apportés peu à peu à l'entrée par les vents, les courants de marée, les tempêtes. Sur ces barres, la mer déferle violemment même par temps maniable, ce qui rend l'entrée dangereuse pour les petits navires. Telles sont les barres de l'Adour, du bassin d'Arcachon, de l'entrée de la Gironde, du pertuis de Maumusson ; des embouchures du Mississipi, du Sénégal, etc.

Ainsi que nous l'avons dit antérieurement, les changements de fonds sont parfois extrêmement fréquents sur les bancs ainsi formés à l'entrée de certains ports, comme le Havre, Cayeux, Dunkerque, etc., et les pilotes doivent, par des sondages journaliers, se tenir au courant de ces variations.

ARTICLE III. — CIRCULATION GÉNÉRALE DES EAUX DE LA MER

Causes de la circulation des eaux de la mer. — La mer s'échauffe peu, se dilate à peine. Ses variations de températures sont insuffisantes pour expliquer les courants réguliers qui règnent sur les Océans. Il en est de même des variations de densité causées par une évaporation plus ou moins abondante, par la fonte des glaces polai-

res, ou des courants locaux que détermine dans la mer
le déversement des grands fleuves, comme le Mississipi,
le fleuve des Amazones.

La grande cause productrice des courants généraux
est assurément l'action, sur la surface des eaux, des alizés de N.-E. et de S.-E., qui, soufflant continuellement
dans la même direction aux environs de l'équateur, ont
fini par imprimer à la surface des eaux un mouvement
concordant avec le leur, dirigé par conséquent de l'Est
à l'Ouest. Ce mouvement est arrivé à un état d'équilibre,
où les frottements compensent les effets des forces mo-
trices. Le mouvement est donc régulier désormais. Il
concorde, dans chaque océan, avec la circulation générale
de l'atmosphère telle que M. Brault l'a si bien exposée
pour l'Atlantique nord ; de sorte qu'il se forme au N. et
au S. de l'équateur deux mouvements contraires, dessi-
nant, en gros, des cercles parcourus à rebours par les
eaux dans les deux hémisphères, les régions intérieures
de ces cercles se trouvant occupées par les prairies de
Sargasses dont nous avons parlé antérieurement.

**Détermination de la force et de la direction des cou-
rants.** — Le long des côtes il suffit d'abandonner un
corps à la dérive pour se rendre compte de la direction
et de la vitesse des courants, abstraction faite des effets
du vent et des courants particuliers produits par les
marées. En pleine mer, on compare, chaque jour, le point
estimé au point observé. En considérant le premier
comme un point de départ, le second comme un point
d'arrivée, on connaît la grandeur et la direction du courant dans les 24 heures. Malheureusement les influences
des erreurs du compas et du loch viennent masquer le
plus souvent l'influence réelle du courant. Ce n'est que,
par des moyennes répétées, que l'on peut, en centrali-
sant les observations, avoir une idée à peu près exacte
du courant réel.

Le procédé qui consiste à mettre à la mer, en un endroit déterminé, un certain nombre de bouteilles ou de
tubes métalliques soudés, dans lesquels une carte indique
la date et l'origine du lancement, ne donne sur le courant qu'un renseignement imprécis au moment où le
flotteur est recueilli. On connaît bien ainsi le point de
départ et le point d'arrivée, mais on ne sait rien tou-
chant les routes que le flotteur a parcourues dans l'intervalle.

Cependant, grâce au nombre considérable d'observations et à leur concordance remarquable, il est certain
qu'on connaît, avec assez d'exactitude, la marche générale des courants à la surface du globe.

Circulation générale des eaux de la mer. — Ainsi que
nous l'avons expliqué au premier paragraphe de cet

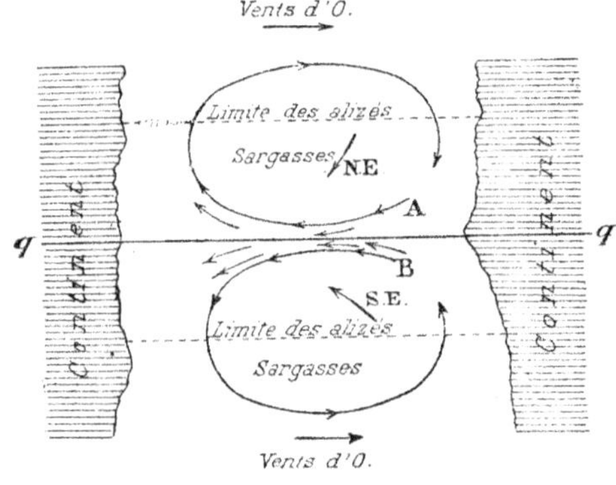

Fig. 90.

article, sous l'action continue des alizés de N.-E. et de
S.-E. qui chassent vers l'équateur, de l'E. à l'O., les
eaux de la zone torride N. et de la zone torride S., il se
forme dans les divers océans un courant équatorial dirigé de l'E. à l'O. Quand ce courant rencontre à l'O. un
continent comme l'Amérique il se subdivise en deux cir-

cuits. Une moitié longe la partie N. du continent, l'autre la partie S. et, comme il faut que les eaux chassées vers l'O. soient incessamment remplacées par d'autres masses d'eau, un courant venant du N. ou du S., selon l'hémisphère, vient combler le vide créé en A et en B par le courant équatorial.

Ces courants généraux engendrent parfois des courants dérivés, causés par la conformation très variée des îles, des côtes ; des contre-courants d'eau froide viennent, en bien des points, dévier le courant général. Parfois ces courants froids, plus denses, passent en dessous du courant chaud et produisent un clapotis, que les Anglais ont nommé *Tide-rips*, qui fait croire à la présence de brisants.

Circulation de l'Atlantique Nord. — Le courant équatorial de l'Atlantique N. et S. prend son origine près des îles Saint-Thomas et Annobon ; il traverse l'Atlantique de l'E. à l'O., demeurant compris entre 2° nord et 3 ou 4° sud. Sa largeur et sa vitesse (20 à 40 milles par jour) augmentent au fur et à mesure qu'il avance. Sa température s'élève peu à peu.

Quand ce courant arrive en face des côtes du Brésil, près du cap San-Roque (Saint-Roch), il se développe en un immense éventail d'au moins 400 milles d'amplitude. Là il se bifurque en deux branches, dont l'une, dont nous parlerons plus tard, descend le long des côtes du Brésil, et l'autre se dirige au N.-O., glissant le long des côtes des Guyanes. Cette dernière reçoit en passant les courants de l'Amazone et de l'Orénoque, et continuant sa route au sud de Cuba, elle vient longer et contourner le Yucatan, puis tout le golfe du Mexique.

Elle prend les noms des régions devant lesquelles elle passe : courant des Guyanes, du Yucatan, du golfe du Mexique.

Dans tout ce parcours les eaux se sont échauffées et, de 23 ou 24°, ont atteint une température de 30°.

Alors le courant, qui s'est resserré dans le golfe du Mexique, vient déboucher dans l'Atlantique par le canal de la Floride, au sud du cap Sable et par le canal de Bahama à l'Est de la Floride. C'est un fleuve immense qui s'avance dans l'Atlantique avec une vitesse de 3 à 4 milles à l'heure, une largeur de 3o milles et une profondeur de 4oo mètres. Maury, qui a fait de ce courant une étude approfondie, le décrit en ces termes dans sa *Géographie de la mer :* « Il est un fleuve dans l'Océan : dans les plus grandes sécheresses, jamais il ne tarit ; dans ses plus grandes crues, jamais il ne déborde. Ses rives et son lit sont des couches d'eau froide entre lesquelles coulent, à flots pressés, des eaux tièdes et bleues. » Maury a donné à ce courant, à son sortir du canal de Bahama, le nom universellement adopté de *Gulf-Stream.*

A mesure que le Gulf-Stream s'avance, sa surface s'agrandit, sa vitesse décroît, mais sa température ne s'abaisse que lentement. Il a parcouru plus de 6oo milles avant d'avoir perdu 1°. Par le travers du cap Hatteras, il a 6o milles de large, son épaisseur diminue ; c'est, dit Maury, une banderole qui flotte au souffle de la brise.

Vers 40° de latitude Nord et 40° de longitude Ouest, le Gulf-Stream s'est étalé en une couche tiède qui adoucit considérablement en hiver la rigueur de la température. Les eaux, qui sont demeurées de couleur bleu indigo, sont parfois de 10 à 15° plus chaudes que les eaux voisines.

Vers le point que nous venons d'indiquer (40° N., 40° O.), le Gulf-Stream se partage en quatre branches : L'une, qui forme la *branche N.-E. du Gulf-Stream,* passe au N. de l'Écosse et va longer les côtes occidentales de la Norvège, apportant dans les îles Feroë, et vers le cap N. de la Suède des bois flottés qu'on ne rencontre que dans les régions tropicales. La seconde se dirige à l'E., contourne le golfe de Gascogne et retourne vers le N.-N.-O. sous le nom de *courant de Rennel*.

La troisième, sous le nom de *courant de la côte de Portugal*, descend au S.-E., entre dans la Méditerranée par le détroit de Gibraltar et y forme un circuit autour de la Sardaigne et la Corse avec retour vers le N. des Baléares.

La quatrième, descendant vers le Sud, vient longer la côte d'Afrique, sous le nom de courant *polaire N. de l'Afrique*, puis contourne le golfe de Guinée pour venir se fondre, en rebroussant chemin, avec le courant équatorial.

Courants de l'Atlantique Sud. — Nous avons dit que le courant équatorial se divisait en deux branches en approchant du cap San-Roque.

La branche Sud vient longer les côtes du Brésil. C'est le courant du Brésil (largeur 300 milles, distance à la côte 300 milles). A la hauteur de Rio-de-Janeiro, ce courant se subdivise en deux branches, dont l'une continue sa route parallèlement à la côte, et dont l'autre se dirigeant vers l'Est forme le courant traversier de l'Atlantique Sud. En approchant des côtes d'Afrique, le courant remonte au Nord pour achever le circuit circulaire général.

Au Sud du cap Horn, passe un courant froid dirigé vers l'Est, qui paraît remonter ensuite vers le N.-E. avec tendance à se réunir au courant traversier.

Courants de l'Océan Pacifique Nord. — On ne trouve pas dans le Pacifique une aussi grande simplicité dans le régime des courants que dans l'Atlantique. Toutefois au Nord de l'équateur l'ensemble du mouvement est presque identique. Entre 10° et 15° ou 20° N. règne un courant équatorial allant de l'E. à l'O. En venant buter sur les côtes de Chine, à la hauteur de Formose, le courant retourne au N.-E., formant le *Kuro-Sivo,* ou fleuve Noir des Japonais. Ses eaux sont d'un bleu si foncé qu'elles paraissent presque noires. A la hauteur de 35° N., le courant se divise en deux branches dont l'une continue sa route au N.-E. sous le nom de *courant du Kamtschatka,* et l'autre se dirigeant à l'Est forme, sous le nom de *courant de Tessan,* le courant traversier du Pacifique Nord. Ce dernier se joint ensuite au courant froid qui descend le long des côtes d'Amérique sous le nom de *courant de Californie.* L'ensemble formant un circuit assez régulier.

Courants de l'Océan Pacifique Sud. — Le courant équatorial du Pacifique Sud n'est pas uni, comme dans l'Atlantique, au courant équatorial Nord. Un *contre-courant* allant de l'Ouest à l'Est règne entre 0° et 10° N., depuis les Moluques jusqu'à la côte d'Amérique. Le *courant équatorial Sud* règne entre l'équateur et 20° Sud, atteignant sa plus grande force vers 10° Sud. La partie N. de ce courant se perd en approchant de la Nouvelle-Guinée. Sa partie Sud semble jeter une branche vers le Nord de la Nouvelle-Calédonie (*courant de Rossel*); une seconde branche paraît contourner l'Australie et revenant vers l'Est, faire un circuit complet qui constitue le *courant traversier du Pacifique Sud.* Vers 50° de latitude en approchant des côtes de la Patagonie, le courant traversier se partage en deux branches, dont l'une passe au Sud du cap Horn et dont l'autre longe toute la côte occidentale de l'Amérique du Sud. Près des côtes du Pérou ce courant prend le nom de *courant de Humboldt.*

Enfin vers 160° de longitude Ouest, une branche importante du courant traversier se dirige à l'intérieur de l'ovale immense qui constitue la circulation du Pacifique Sud. Cette branche se dirige à l'E.-N.-E., sous le nom de *courant du Mentor.*

Courants de l'Océan Indien. — Abstraction faite des contre-courants et courants périodiques créés par les moussons, la circulation générale ne s'établit que dans la partie méridionale de l'Océan Indien. Le *courant équatorial* est limité entre 10° et 20° Sud. En approchant de Madagascar, le courant se partage en deux branches, l'une, la *branche N.-O.*, passe au N. de Madagascar, contourne l'île en descendant le canal de Mozambique,

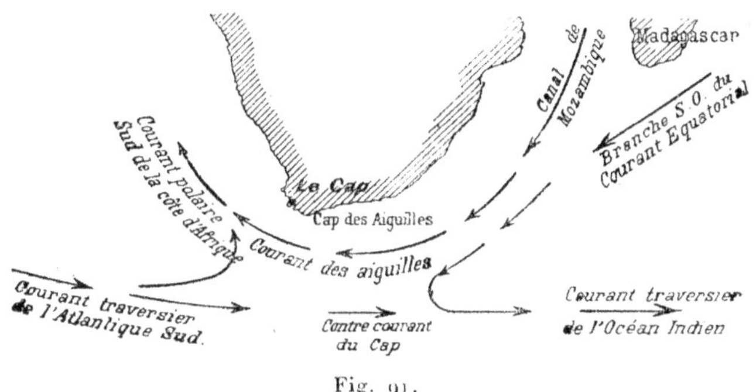

Fig. 91.

l'autre, la *branche S.-O.*, passe au S. de Madagascar et s'unit au courant qui descend par le canal de Mozambique. Les deux courants réunis passent à toucher le cap des Aiguilles sous le nom de *courant des Aiguilles*, contournent la côte Sud d'Afrique et remontent au N.-O. sous le nom de *courant polaire S. de la côte d'Afrique*.

Plus au large, passe le courant traversier de l'Atlantique, qui s'unit au courant dérivé du courant des Aiguilles pour former le *contre-courant du Cap,* ou courant traversier de l'Océan Indien. En approchant des côtes d'Australie, ce courant traversier se bifurque. Sa branche N.-O. longe les côtes occidentales d'Australie, rejoignant en certains points le courant équatorial, pendant que l'autre passe au Sud de l'Australie.

Courants périodiques causés par les moussons. — Les changements semestriels dans la direction des vents causés par le phénomène des moussons produisent, à la surface des eaux, dans l'Océan Indien et dans les mers de Chine, des courants périodiques dont la direction générale est indiquée par la direction de la mousson. Mais les promontoires dévient parfois singulièrement ces courants, dont il est impossible de donner ici la nomenclature complète.

Nous ne saurions d'ailleurs pousser plus loin cette étude. Le marin, qui veut tenir compte, dans sa navigation, des courants, dont nous n'avons pu faire ici qu'une étude superficielle, doit se procurer les cartes des courants publiées par le Service Hydrographique de la Marine.

Océan Atlantique Nord (carte spéciale).

		Direction moyenne.	Vitesse moyenne par jour.
Grand circuit.	Courant équatorial.............	Ouest.	20 à 40 milles.
	Courant de la Guyane...........	N. O.	30 »
	Courant de la mer des Antilles...	Diverses.	15 »
	Gulf-Stream....................	N. N. E. à l'Est.	45 au début puis 15 à 20.
	Courant Nord de l'Afrique.......	Sud.	20 milles
	Courant du golfe de Guinée Nord.	Est.	20 à 30 »
Courants secondaires.	Courant du golfe de Gascogne...	Est.	12 à 18 »
	Courant de Rennel.............	N. O.	10 »
	Courant de la côte du Portugal...	S. E.	10 »
	Courant de l'entrée du détroit de Gibraltar...................	Est.	15 »
	Courant dérivé des alizés de N. E.	S. O.	15 »
	Courant polaire du détroit de Davis (s'infléchissant au S. O. dans le sud de Terre-Neuve)........	S. S. E	10 à 20 »

Océan Atlantique Sud.

		Direction moyenne.	Vitesse moyenne par jour.
Grand circuit.	Courant du Brésil..	S. O.	25 à 30 milles.
	Courant traversier de l'Atlantique Sud...	Est.	15 »
Courants secondaires.	Courant du cap Horn aux îles Malouines.......	N. N. E.	20 »
	Courant de la côte S. O. d'Afrique, dérivé du courant des Aiguilles.	N. O.	15 à 30 »

Océan Pacifique Nord.

		Direction moyenne.	Vitesse moyenne par jour.
Grand circuit.	Courant équatorial du Nord.....	O.	30 milles.
	Kuro-sivo ou courant de Tessan.	N. E.	30 »
	Courant de Californie.......... .	S. E.	10 »

		Direction moyenne.	Vitesse moyenne par jour.
Courants secondaires.	Courant du Kamtschatka.........	N. E.	8 milles.
	Courant de Behring.............	N.	14 »
	Contre-courant équatorial.......	E.	12 »

Océan Pacifique Sud.

		Direction moyenne.	Vitesse moyenne par jour.
Grand circuit.	Courant équatorial du Sud......	O.	24 milles.
	Courant de Nouvelle-Hollande...	S.	12 »
	Courant traversier de l'océan Pacifique......................	E.	20 »
	Courant de Humboldt ou du Pérou...........................	N.	15 »
Courants secondaires.	Courant du Mentor.............	N. E.	16 milles.
	Courant du cap Horn...........	S. E.	18 »

Océan Indien.

		Direction moyenne.	Vitesse moyenne par jour.
Grand circuit.	Courant équatorial..............	O.	Variables avec les vents { 12 à 22
	Courant de Mozambique........	S. O.	15 à 30
	Courant du cap des Aiguilles...	S. O.	40 à 50
	Courant du cap des Aiguilles...	E.	30
	Courant traversier de l'océan Indien...................	E.	Très var. }
Courants secondaires.	Branche S. O. du courant équatorial......................	S. O.	30 milles.
	Courant de l'Australie Sud......	E.	14 »
	Courant de la mousson de S. O. pendant l'été boréal..........	N. E. à E. N. E.	40 à 80 milles.

Température des principaux courants de l'Atlantique.

	Températures moyennes de l'été et de l'hiver.	OBSERVATIONS.
Courant équatorial.	22 à 27°	Dans sa partie Est, ce courant est alimenté par des eaux venues de parallèles situés dans le Sud de l'équateur, et sa température est toujours inférieure de plusieurs degrés à celle du courant de Guinée.
Courant de Guinée.	25 à 29°	Dans la saison de l'Harmattan et des fortes tornades, le courant de Guinée cesse, et tourne même momentanément à l'Ouest, près de la côte.
Courant des Aiguilles...............	16 à 24°	Ce courant comprend celui de l'océan Indien et la branche qui double le cap de Bonne-Espérance, venant se joindre au courant traversier de l'Atlantique Sud. C'est surtout dans l'océan Indien, entre les 36° et 38° parallèles, et 20 à 24° de longitude Est, que la lutte entre le courant chaud descendant des côtes d'Afrique et les eaux froides du courant polaire est la plus vive.
Courant traversier de l'Atlantique Sud.	13 à 18°	La température de la partie Sud de ce courant est influencée, surtout au moment de la débâcle, par l'apport des glaces qu'entraîne le courant du cap Horn, qui se joint à lui.
Courant du Brésil.	15 à 24°	Sur les côtes de la République Argentine, on remarque des zones alternatives de courants chauds et froids.
Gulf-Stream.......	27 à 30° (à sa sortie du Golfe du Mexique).	Supérieure de 3° environ aux eaux avoisinantes en cet endroit.
	16 à 25° (au Sud de Terre-Neuve).	Supérieure de 8 à 16°, suivant les saisons, aux eaux du contre-courant froid descendant du détroit de Davis.

TABLE DES MATIÈRES

CHAPITRE Ier

CHAPITRE II

CHAPITRE III

CHAPITRE IV

CHAPITRE V

CHAPITRE VI

PLANCHES HORS TEXTE

Carte des vents généraux.
Routes générales des navires à voiles.
Courants généraux dans l'Atlantique Nord.
Courants généraux.
Spécimen du Bulletin du Bureau Central Météorologique de France.

CHARTRES. — IMPRIMERIE DURAND, RUE FULBERT.

www.ingramcontent.com/pod-product-compliance
Lightning Source LLC
LaVergne TN
LVHW012242170726
843503LV00002B/406